食いしんぼう編集者も夢中になった

愛しいおかず

ウー・ウェン

女子栄養大学出版部

はじめに

家庭料理に必要なのは、「経験と愛」です。

子どもたちが幼いころ、よくいわれたのは「いちばんおいしいのは、ばあば（私の母）の料理！」 私が料理研究家になって23年経ったいまでも、残念ながらこの評価は変わりません。母の料理がおいしいのは、私より家庭料理を作ってきた経験が長いから。家族のために毎日料理を作り続けてきたから出せる〝深み〟があるのでしょう。

私が考える家庭料理は、変化球ではなく直球勝負です。凝った料理で目先を変えるのではなく、ごくシンプルな「普通の料理」をくり返し作り続けること。でもこれがいちばんむずかしい。

必要なのは料理の腕よりも「経験と愛」です。ばあばだって誰だって最初は初心者でした。それが、愛情を込めて作り続けることで、家族にとって最高の「家庭料理研究家」になれるのですから。ね、ステキでしょう？ 家族や自分のために毎日料理を作ることは、家族の健康を守り幸せを守ることにつながります。

この本で紹介した料理が、いずれみなさんの家庭の味になって、家族の日々の生活と健康を支えてくれるととてもうれしく思います。

月刊誌『栄養と料理』とは、私が料理研究家としてデビューしたころからのおつき合いです。料理や栄養のことを専門に勉強してきたわけではなく、母から教わった中国の家庭料理をベースに日本の素材や食卓事情にあわせてレシピにしたに過ぎません。ですが、私自身がくり返し料理を作り、料理を通じて中国での食の考え方や食べ方の知恵を紹介していくうちに、自分の料理が確立され、これでいいのだと自信を持てるようになりました。この雑誌でのお仕事のおかげで、料理研究家として正しい成長をさせていただくことができたと感謝しています。

これまで紹介してきた料理が、こうして一冊の本になることを心から誇りに思います。

ウー・ウェン

なんとしても伝えたい！　残したい！　料理を集めました。

ウー・ウェンさんと当出版部が出会ってから、20年近くになります。これまで月刊誌『栄養と料理』やＭＯＯＫ「別冊栄養と料理」などで、医食同源に基づいた、シンプルでおいしくて作りやすい料理をたくさん紹介してくださっています。

ですが、残念ながら月刊誌やＭＯＯＫは、販売期間が決められていたり、書店に並ばなくなったりします。あんなにおいしい料理が埋もれてしまう……、そんなのもったいない！　なんとしても残したい！　という編集者たちの思いからこの本が生まれました。

ウーさんの料理は本当にシンプルです。よくある普通の食材と普通の調味料を使い、材料の数が驚くほど少ないのです。ですが、でき上がった料理は、食材が持つおいしさを引き出し、なんとも絶妙な食材の組み合わせだったり、味のバランスだったりします。なんといっても、作りやすいし、おいしいのですから、料理編集者たちが何度も何度もくり返し作っても、飽きずに作り続けているというわけです。

料理選びは難航し、泣く泣く落としたレシピがたくさんありました。最後に残ったのは編集者たちが愛してやまない料理ばかりです。

ぜひ、一回作ってみてください！　そうすれば、みなさんにも季節ごとに欠かせないお気に入りのおかずになるのではと思います。そうなるとうれしい限りです。

女子栄養大学出版部編集部

目次

【この本の使い方】

●１カップ＝200g、大さじ１＝15g、小さじ１＝5g の計量カップ・スプーンを使っています。

●塩は小さじ１＝5g のものを使用しました。そのほかの調味料の説明は 26 ページに、計量カップ・スプーンの重量は、下記の表に示します。この重量に合わせて調味し、栄養価計算をしています。

●レシピの分量は、調理直前の下処理後（皮をむく、種を除くなど）の重量（正味重量）です。

●栄養価は１人分、または１個分です。

この本で使った調味料や材料の計量スプーン・計量カップ重量表（g）

食品名	小さじ（5㎖）	大さじ（15㎖）	1カップ（200㎖）
水	5	15	200
塩（天然塩）	5	15	—
しょうゆ	6	18	—
みそ	6	18	—
みりん	6	18	—
砂糖	3	9	—
酒	5	15	—
黒酢	5	15	—
油・ごま油	4	12	180
豆板醤	7	21	—
甜麺醤	7	21	—
オイスターソース	6	18	—
小麦粉（薄力粉・強力粉）	3	9	—
かたくり粉	3	9	—
いりごま	2	6	—
すりごま	2	6	—
練りごま	6	18	—
鶏がらだしのもと	3	9	—
粒入りマスタード	5	15	—
練りがらし	5	15	—

2017年１月改訂

これだけは、
一回作ってみて！

トマトと豚肉とはるさめの煮物

材料／２人分
トマト……………… 大２個(400g)
豚肉（こま切れ）……………150g
はるさめ………………… 乾20g
油…………………………… 大さじ1
a
ねぎ……………………10cm
こしょう……………… 少量
酒………………………大さじ1
しょうゆ………………大さじ1
b
鶏がらだしのもと…… 小さじ1/2
水………………………1/2カップ
ごま油……………………… 小さじ1
１人分 333kcal　塩分 1.7g

❶トマトはへたをくり抜いて沸騰湯に５秒浸してとり出し、皮をむく(湯むき)。大ぶりの乱切りにする。豚肉は大きいものは一口大に切る。ねぎは斜め薄切りにする。
❷はるさめは水に10分浸してかためにもどし、食べやすく切る。
❸フライパンに油を熱し、①の豚肉を入れていため、肉の色が変わったらａを加えてひといためする。
❹ｂと②のはるさめを加え、煮立ったら①のトマトを入れて３～４分煮る。はるさめが煮汁を充分に吸ったらごま油を垂らし、火を消す。

編集部からの一言

一回作れば、夏の食卓に欠かせなくなる料理です！
表紙に登場したのはこの料理。
表紙にしたほどですから、一押しの料理です。
トマトと肉のうま味を充分に吸った
はるさめが抜群のおいしさ。
この料理を作った人は皆、
夏の定番おかずとして定着しています。
かご盛りのトマトを見つけたらぜひ作ってみてください。

ウー・ウェンさんの医食同源

『トマト　西紅柿（シーホンシー）
トマトは夏の水分補給に役立ち、
体にこもった熱をとり、夏バテ予防。』

『◆中国の人は、生水を飲む習慣がないので、夏は野菜とお茶から水分補給します。ただしお茶ばかり飲むと短時間で尿になって排出されてしまいますし、胃酸を流してしまい食欲が落ちたりします。それに比べ、野菜の水分はゆっくり吸収・排出されるので、体にやさしいのです。そして、ほとんどの夏野菜には、体の熱をとり除く効果があるので、水を飲む代わりに、野菜を食べるのです。』

きゅうりとひき肉のいため物

材料／２人分

きゅうり……………３本（300g）
豚ひき肉………………………100g
赤とうがらし…………… ２〜３本
油……………………………大さじ１
しょうが…………………………１かけ
酒………………………… 大さじ１
しょうゆ………………… 大さじ１
みそ……………………… 大さじ１

１人分 228kcal　塩分 2.5ｇ

❶きゅうりは洗って縦に４つ割りにする。種の部分を除き、端から８㎜幅に切る。
❷とうがらしはあらくちぎり、しょうがはみじん切りにする。
❸フライパンに油を熱し、②のとうがらしを種ごと入れていため、香りが立ったら豚ひき肉を加えて色が変わるまでいためる。
❹②のしょうが、酒、しょうゆ、みその順に加えてはいため混ぜる。
❺①のきゅうりを加えて１分程度いため、緑色が鮮やかになったら火を消す。

編集部からの一言

いためたきゅうりとひき肉のおかずが、ごはんに合う！　合う！
北京の夏の定番おかずだそうですが、これからは、あなたの家の夏の定番おかずになると思います。
きゅうりが何本あっても足りないくらい、たっぷり食べたくなるはずです。
少し大きくなったきゅうりで作ってもＯＫ！
甘味を足して甘辛い味にしても合います。

ウー・ウェンさんの医食同源

『きゅうり　黄瓜（ファングア）
夏のほてった体を冷やし、水分補給に役立つ。』

◆きゅうりは、トマト（10ページ）と同様に、夏の水分補給に役立つ夏野菜の代表です。若くみずみずしいきゅうりは、生食してもおいしく、夏のほてった体をさます効果もあります。
◆北京の野菜市場では育ちすぎて大きくなったきゅうりも並びます。八百屋のお兄さんが「いためたら最高だよ！　安くするから買ってよ！」とすすめてきます。生食には向かないのですが、確かにいためると味がしみ込んでおいしく、量・価格ともお得感があります。

なすのまるごと煮物

材料／２人分

なす……………………４本(400g)
油揚げ(手揚げ風)………２枚(80g)
みょうが………………………２個
油……………………………大さじ2

合わせ調味料
- みそ…………………大さじ1½
- しょうゆ……………大さじ½
- 酒………………………大さじ1
- 砂糖……………………小さじ1
- 水…………………………½カップ

１人分 359kcal　塩分 2.3g

❶なすはへたを切り除いて皮をむく。油揚げは端から細切りにする。みょうがは斜め薄切りにする。
❷合わせ調味料の材料を混ぜ合わせる。
❸フライパンに油を熱し、①のなすを入れていため、全体に油がなじんだら①の油揚げを加えていためる。
❹②の合わせ調味料を加えて弱火にし、ふたをして煮る。
❺なすがやわらかくなったら①のみょうがを加えて混ぜ合わせ、火を消す。

編集部からの一言

なすを普通のみそとしょうゆで煮るだけでなぜこんなにおいしいの?!

ウーさんの「なすは肉」というお話に納得する1品。
皮をむいてまるのまま煮るのがポイントで甘味が出ます。
フライパンになすを並べてから油をかけて、なすをクルクル回して油をからめてから火をつけると、いためるのに失敗しにくいですよ。
みょうがは夏の香りです。代わりにねぎを入れても合います。

ウー・ウェンさんの医食同源

『なす　茄子（チェズ）
体に清涼感を与え、アクの解毒作用によって夏バテを防止する。』

◆なすは、中国では夏になると毎日食べる野菜です。なすのアクには解毒作用があり、夏のほてった体に清涼感を与えてくれます。
◆日本のものとは違って、野菜というより油と合わせて肉の感覚で食べています。
◆夏の旬が終わるころ、なすの切り口に茶色い種が目立ってきます。母はこれを見ると「もうなすも終わりね」といって、わが家の食卓は夏から秋の食材に変わっていくのです。露地で自然に育ったなすだからこそ、季節がそのまま映るのでしょう。

トマトと卵のいため物

編集部からの一言

今や日本の夏の定番おかずになったのでは？
トマトをいため物に？　ご心配なく、
これがごはんにぴったり！　病みつきになるほどです。
加熱したトマトのうま味と甘味が生きる料理です。
生のトマトより食卓に上る頻度が多くなりました。
にんにくはいためずに、仕上げに加えて
やわらかい風味に仕上げます。

材料／2人分

トマト	2個(300g)
卵	2個
油	大さじ2
a 塩	小さじ½
a 砂糖	小さじ½
a こしょう	少量
にんにく	1かけ

1人分 228kcal　塩分 1.4g

❶トマトは皮を湯むき（10ページ参照）し、半分に切って種を除いて一口大に切る。
❷にんにくはたたいてつぶす。
❸卵はときほぐし、フライパンに油を熱した中に入れて菜箸（さいばし）で大きく混ぜながらいため、かたまったら①のトマトを加えてさっといためる。
❹ a を加えて調味し、②のにんにくを加えてひといためしたら火を消す。

ウー・ウェンさんの医食同源

『トマト　西紅柿（シーホンシー）』
トマトは赤い色素のリコピンが多く、栄養的に優秀。

◆ほとんどの夏野菜には、体の熱をとる効果があるので、水を飲む代わりに、野菜を食べます（10ページ）。トマトはそんな夏野菜の一つで、赤い色素のリコピンが豊富で栄養的に優秀です。
◆北京の私の家では、夏には冷蔵庫にかならず皮を湯むきしたトマトが冷やしてあり、外出するさい、よく母に「トマトを食べてから行きなさい」といわれたものです。

長芋と鶏ささ身の塩こしょうシンプルいため

材料／2人分

長芋……200g

鶏ささ身……2本（110g）

a かたくり粉……小さじ1
a 酒……大さじ1

油……大さじ1

塩……小さじ¼

粒黒こしょう……10粒

1人分 190kcal　塩分 0.7g

❶長芋は皮をむき、1.5～2cm角に切る。

❷鶏ささ身は筋を除いて1.5～2cm角に切り、aをからめて5分程度おく。

❸粒こしょうはあらく砕く。

❹フライパンに油を熱し、②のささ身を入れていため、肉の色が変わったら塩と③のこしょうを加えて調味する。

❺①の長芋を加え、透明感が出るまでいためる。

編集部からの一言

調味は塩とこしょうだけ。
シンプルだからこそ飽きのこない味わいです。
白くてなんてきれいな料理なのでしょう！
見た目も上品ですが、味も上品。
長芋もささ身もくせがない味わいなので、
シンプルな味つけで持ち味を生かします。
長芋を見ると最初にこの料理が思い浮かぶほど大好きな一品です。

ウー・ウェンさんの医食同源

『長芋　山薬（シャンヤオ）

肺の機能を高める食材なので
かぜや肺炎予防に活躍。
胃腸に負担がかからず食べやすい。』

◆長芋は乾燥から肺を守る食材としてかぜや肺炎を予防する料理によく使われます。でんぷん質で消化がよく、胃腸に負担がかかりません。皮に栄養分が多いので、皮ごと料理して食べることも多いのです。

◆日本では生で食べることが多いようですが、中国では、煮る、揚げる、いためるなどさまざまな料理で楽しみます。シャキシャキとした食感を残すように調理しましょう。

れんこんと豚ヒレ肉のみそいため

編集部からの一言

あれっ、れんこんはどこ？　と思いますよね？
棒状に切ったれんこんに目からウロコ！
食べやすいし、食感が楽しい！

れんこんを縦に切って、さらに棒状に切る切り方を
この料理で初めて知りました。
この切り方にすると、れんこんが食べやすく火の通りも早くなります。
でも独特のシャキシャキとした食感もちゃんと味わえるのです。
この料理に出合ったときの衝撃は忘れられません。
今ではお気に入りの切り方です。

材料／２人分

- れんこん……150g
- 豚ヒレ肉（かたまり）……150g
  - a
    - 酒……大さじ1
    - こしょう……少量
- 油……大さじ1
- 合わせ調味料
  - みそ……大さじ1
  - 酒……大さじ1½
  - しょうゆ……小さじ1

１人分 237kcal　塩分 1.7g

❶れんこんは皮をむき、長さを３～５cmに切る。縦に１cm厚さに切り、さらに縦に１cm幅に切って棒状にする。

❷豚肉は薄切りにし、さらにせん切りにし、aをからめて下味をつける。

❸合わせ調味料の材料を混ぜ合わせる。

❹フライパンに油を熱し、②の豚肉を入れていため、肉の色が変わったら①のれんこんを入れていため合わせ、③の合わせ調味料を加えて煮立ったらひと混ぜし、ふたをして弱火で５分煮る。

ウー・ウェンさんの医食同源

『れんこん　蓮藕（リエンオウ）
食物繊維とでんぷんが豊富で、たくさんの効能を持ち、弱っているときに活力を与える。』

◆根菜類は個性が強い食材が多く、れんこんもその一つ。食物繊維とでんぷんが豊富です。れんこんのでんぷん（藕粉（オウフン））は体に活力を与えるといわれ、体が弱っているときにごはんの代わりに食べるほど。

◆独特の食感を生かすようさまざまな切り方で楽しめます。

豆腐のパセリピータンかけ

材料／２人分
パセリ……………………………15g
絹ごし豆腐……………１丁(300g)
ピータン …………………………１個
しょうがのすりおろし……小さじ1
しょうゆ……………………大さじ½
油…………………………………大さじ1
１人分 201kcal　塩分 1.2g

❶豆腐は一口大に切り、30分くらいおいて水けをきる。
❷パセリは葉を摘み、細かく刻む。
❸ピータンは殻をむいてあらみじんに切る。
❹①の豆腐を器に盛り、③のピータン、しょうが、②のパセリを順にのせ、しょうゆをかける。
❺フライパンに油を熱し、アツアツを④にかける。

編集部からの一言

パセリは食べる野菜です!!
パセリってこんなにおいしかった？　と思うほど。
ぜひぜひお試しを！
パセリはビタミンもミネラルも驚くほど多く含む野菜ですが、野菜としてではなく、彩りや飾りとして使っていませんか。
それはもったいない!!
アツアツに熱した油をかけるとジャーという音がしてよい香りが立ちます。
パセリが主役といっていいほどです。

ウー・ウェンさんの医食同源

『パセリ　荷蘭芹（ホーランチン）
独特の香りが気分を明るくし、血流をよくする。』

◆パセリはせり科の植物で、同じせり科のせりや三つ葉と同様の成分を含んでいて、血流をサラサラにする作用のある食材です。
◆中国では春に出まわるパセリは華やかで明るい緑色で、見た目もやわらかく香りもおだやかです。私の母は、春になるとワンタンの具のねぎの代わりにパセリを使っていました。皮からパセリの緑色が透けて見えて、〝春のワンタン〟といった風情できれいでした。

ごぼうとにんじんのじゃこいため

編集部からの一言

嚙めば嚙むほどにおいしくなるおかずです。

ごぼうとにんじんの食感を生かすようにいためます。ちりめんじゃこも加わって、嚙みごたえがある食材なので、自然によく嚙んで食べることになります。嚙めば嚙むほどそれぞれの食材の味わいが口の中に広がります。あごが疲れるほどよく嚙んで食べましょう。

材料／２人分

ごぼう……………………１本(150g)
にんじん……………小１本(100g)
ちりめんじゃこ………………30g
油…………………………大さじ2
［酒…………………………大さじ2
しょうゆ※………………小さじ1
黒酢………………………小さじ1
にんにく…………………1かけ］

※ちりめんじゃこの塩分によって使用量を調整する。

１人分 227kcal　塩分 1.5g

❶ごぼうは皮を薄くこそげとり、包丁の腹でたたきつぶして３〜４cm長さに切る。水にさらしてアクを抜き、水けをきる。
❷にんじんは皮をむいて３〜４cm長さの細長い乱切りにする。
❸にんにくはたたきつぶす。
❹フライパンに油を熱し、①のごぼうと②のにんじんを入れて中火でしっかりといためる。
❺ちりめんじゃこを加えていため合わせ、酒をふり入れてさらにいためる。
❻野菜がしんなりとなったらしょうゆと黒酢と③のにんにくを加え、香りが野菜に移ったら火を消す。

ウー・ウェンさんの医食同源

『ごぼう　牛蒡（ニュウバン）
食物繊維が多く、便秘や腸の掃除に強力に効く。』

『にんじん　胡蘿蔔（フールオボオ）
体のすべてによいとされ、特に目と肌によい。』

◆ごぼうは食物繊維が強くて多いので、ごぼうだけを大量に食べないように、ほかの食材と組み合わせましょう。
◆にんじんは老若男女を問わず体によいとされます。特にビタミンＡが多いので、目にいいとされ、思春期のにきびや肌荒れにも効果があります。
◆ごぼうもにんじんも油と相性がよいので、多めの油でいためましょう。

この本で使った調味料

昔ながらの天然醸造無添加
国産米
こだわり仕込み
清酒
くびれを押して調節自在
太白胡麻油
純玄米黒酢
NET 450g
塩田天日塩
浜菱
『浜菱』
さとう
コクの
きび砂糖
・お料理やお菓子づくり、飲み物などに使いやすい粉末タイプです。
・白砂糖と同じようにお使いください。
日新製糖株式会社
750g
花椒
王致和
WANGZHIHE
老北京豆豉

塩
天然塩。小さじ1＝5gのもの

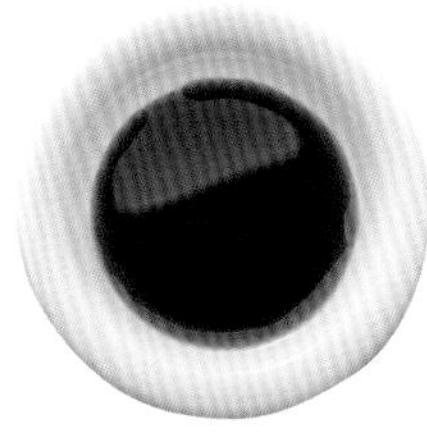

しょうゆ
一般的な濃い口しょうゆ

みそ
日本のみそ。好みのものでよい

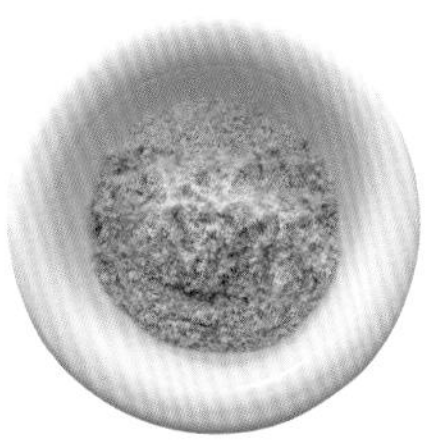

砂糖
きび砂糖

黒酢
日本製の黒酢。好みで中国製でもよい

酒
日本酒

油
太白ごま油。
生のごまを搾ったもの。香りのないごま油

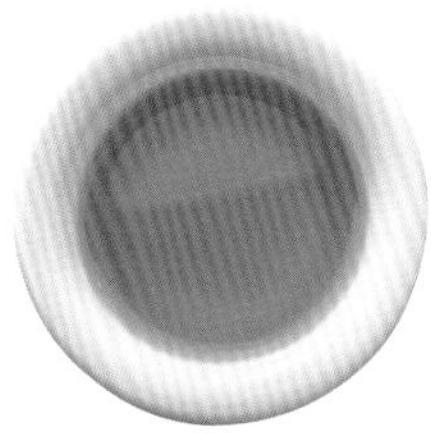

ごま油
太香ごま油
焙煎したごまを搾ったもの

練りごま
焙煎したごまをペースト状にしたもの

豆板醤（トウバンジャン）
そら豆ととうがらしが原料のとうがらしみそ

甜麺醤（テンメンジャン）
小麦粉が原料の甘いみそ

豆豉（トウチ）
豆みその一種。みそ納豆。

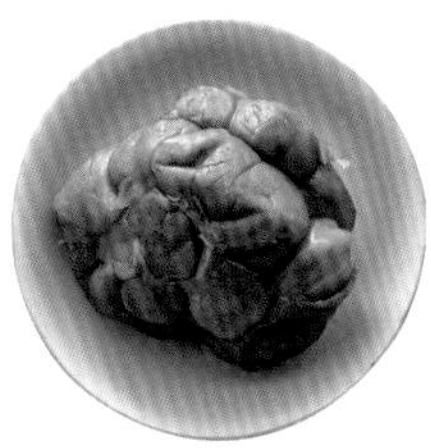

榨菜（ザーサイ）
からし菜の一種の茎が肥大した部分の漬物

花椒（ホワジャオ）
中国産の実ざんしょう

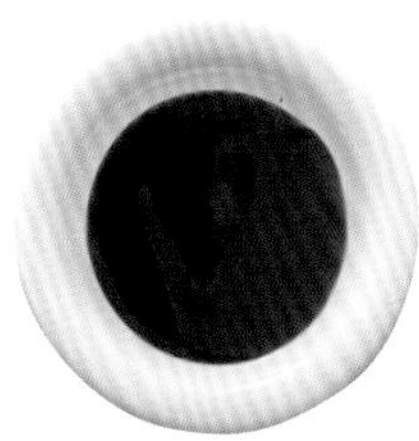

オイスターソース
カキを主原料とした
うま味とこくのある調味料

間違いない！
中国の家庭おかず

キャベツの回鍋肉（ホイコーロー）

材料／２人分

キャベツ	½個（300g）
豚肉（薄切り）	150g
赤とうがらし	１本
油	大さじ1
合わせ調味料　甜麺醤	大さじ1
合わせ調味料　酒	大さじ1
合わせ調味料　塩	小さじ¼
a　かたくり粉	大さじ½
a　水	大さじ2

１人分 268kcal　塩分 1.4g

❶キャベツと豚肉はそれぞれ一口大に切る。
❷赤とうがらしはあらくちぎる。
❸合わせ調味料の材料を混ぜ合わせる。
❹沸騰湯に①の豚肉、キャベツの順にそれぞれさっと下ゆでし（写真A）、ざるにあげて湯をよくきる。
❺フライパンに油を熱し、②の赤とうがらしを入れていため、香りが立ったら④の豚肉を入れていためる。
❻③の合わせ調味料を加えて調味し、④のキャベツを加えていため合わせる。
❼ａの水どきかたくり粉を加えてとろみをつけ、うま味を閉じ込める（写真B）。

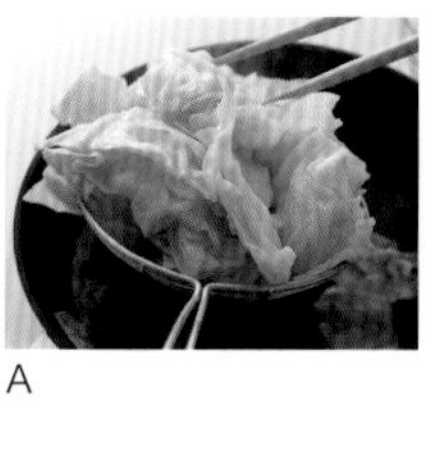
A

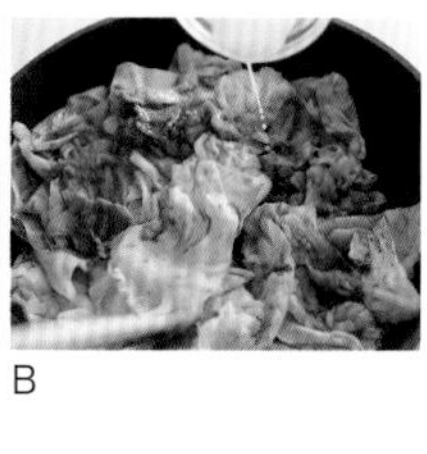
B

編集部からの一言

本格的な回鍋肉が家で作れるなんて！

おいしく仕上げるコツは、「下ゆで」です。
いため物の失敗といえば、水分が出てしまうこと。
でも、いためる前に野菜をさっとゆでておくと、
早く火が通るので水分が出ずにじょうずに仕上がります。
下ゆでなんてめんどうと思うかもしれませんが、
やる価値のあるひと手間です。

ウー・ウェンさんの医食同源

『キャベツ　洋白菜（ヤンバイツァイ）』
胃腸の働きをよくし、体を元気にする。

◆体にやさしく、どんな体調のときでも食べてもだいじょうぶな食材です。特に胃腸によいとされるので、胃腸の調子が悪いときに食べるとすっきりします。中国では「体調が悪くなるのは胃から」とよくいいます。言い換えれば、胃を守れば、病気にならないということです。また、胃によいものは体にいいということになります。
◆キャベツには解毒作用があるので、冬の間、新陳代謝が抑制されているために、たまった老廃物や毒を、春にキャベツを食べることで、解毒してくれます。本当に自然の摂理はよくできています。

生トマトとエビのチリソースいため

編集部からの一言

生のトマトから作る手作りチリソースは格別です。

自分でおいしいチリソースが作れるんです！
生トマトの酸味と玉ねぎの甘味を生かした
繊細な味わいのチリソース。
この味を知ってから、
市販の合わせ調味料は不要になりました。

材料／２人分

むきエビ……150g
トマト……大２個(350g)
玉ねぎのみじん切り…⅓個分(60g)
a
- しょうがのみじん切り…大さじ1
- にんにくのみじん切り…1かけ分
- 豆板醤…小さじ1

油…大さじ2
- オイスターソース…小さじ1
- 塩…小さじ⅕

b
- かたくり粉…大さじ½
- 水…大さじ1½

１人分 241kcal　塩分 1.7g

❶エビは洗ってさっとゆでる。
❷トマトは皮を湯むき（10ページ参照）し、種を除いて一口大に切る。
❸フライパンに油を熱し、aをいためて香りが立ったら、玉ねぎを加えて透明になるまでいためる。
❹②のトマトを加えてとろけるまでいため、オイスターソースを加え、塩で味をととのえる。
❺①のエビを加えてさっといため合わせ、bの水どきかたくり粉を加え、とろみをつける。

ウー・ウェンさんの医食同源

『トマト　西紅柿（シーホンシー）

トマトは夏の水分補給に役立ち、
体にこもった熱をとり、夏バテ予防。』

◆トマトには熱をとる作用や利尿効果があります。大きなトマトを毎日2～3個食べるのが、わが家の夏の日常です。
◆日本では生で食べることが多いようですが、煮物やいため物、スープにと、どんな料理にも合います。これらの料理に使うと、たっぷりと食べられます。このチリソースにも2個使っています。

麻婆豆腐

材料／２人分

絹ごし豆腐……………1丁(350g)
牛肉（こま切れ）………………50g
豆板醤……………………… 小さじ½
一味とうがらし…………… 大さじ½
油……………………………… 大さじ3
a［しょうゆ・酒…………… 各大さじ1
　［かたくり粉…………… 小さじ1
　　水……………………… 大さじ1
小ねぎ…………………… ½束(50g)
花椒…………………………30粒

1人分 374kcal　塩分 1.6g

❶豆腐は巻きすの上に置いて2cm角に切り、30分おいて水けをきる。
❷牛肉は細かく刻む。
❸小ねぎは小口切りにする。
❹花椒はからいりしてすり鉢などであらくすりつぶす。
❺フライパンに油を熱し、②の牛肉を入れていためる。
❻肉の色が変わったら縁に寄せて中央をあけ、そこに豆板醤と一味とうがらしを加えていため合わせ、香りが立ったら縁に寄せていた肉と合わせて、しょうゆと酒を加えていためる。
❼①の豆腐を加えてくずさないようにざっといため合わせ、ふたをしてときどき混ぜながら5分煮る。
❽aの水どきかたくり粉を加えてとろみをつける。
❾豆腐がしっかりとしたら③の小ねぎを加えて混ぜ、火を消す。
❿器に盛り、好みで小ねぎ（分量外）を散らし、④の花椒をかける。

編集部からの一言

仕上げの花椒で本格的な味わい。しびれる辛さがたまらない！

花椒は中国のさんしょうです。とうがらしの辛味とはひと味違う、しびれるような清涼感のある辛味が特徴。本格的な麻婆豆腐には欠かせません。肉はひき肉ではなくこま切れ肉を使うのがウーさんならでは。刻んで使うので、少量でも存在感があって、肉のおいしさが豆腐にしみ込み、満足感がありながらヘルシーな主菜です。

ウー・ウェンさんの医食同源

『豆腐　豆腐（ドウフー）
植物性のたんぱく質が豊富で、体にやさしく消化がよい。』

◆中国は多くの民族が暮らす国です。それぞれの民族や宗教の違いで食べ物の禁忌（タブー）があり、中には肉類を食べてはいけないというものもあります。そういう人たちには、豆や大豆、大豆製品は貴重なたんぱく源です。日本では見かけないような多くの種類の大豆製品があり、スーパーマーケットなどでも、ほかの売り場に負けないくらいの広いスペースをとっています。
◆大豆製品は植物性たんぱく質を豊富に含んでいて、同じたんぱく源の肉や魚に比べて、体にやさしく消化にもよいものです。

卵とカニの甘酢あんかけ

材料／２人分

卵		2個
タラバガニのむき身（またはカニの缶詰め）		80g
酒		小さじ1
こしょう		少量
油		大さじ1
甘酢あん a	酢	大さじ2
	砂糖	小さじ1
	鶏がらだしのもと	小さじ½
	しょうがのみじん切り	1かけ
	塩	少量
	水	¾カップ
甘酢あん b	かたくり粉	大さじ1
	水	大さじ3

１人分 208kcal　塩分 1.2g

❶カニは軟骨を除いてほぐし、汁けを絞る。
❷ボールに卵を割り入れてほぐし、①を加え、酒、こしょうを加えてよく混ぜ合わせる。
❸フライパンに油を熱し、②を流し入れて菜箸（さいばし）で大きく混ぜ、半熟状に火が通ったらフライ返しで裏返し、弱めの中火でゆっくりと焼き、器に盛る。
❹なべにａを入れて火にかけ、煮立ったらｂの水どきかたくり粉を加え混ぜて全体にとろみをつけ、③のカニ玉にかける。

編集部からの一言

カニ玉はごちそうです！
カニをたっぷり使って作れるのは家庭料理ならでは。
卵料理ですが、カニを使うのでぜいたく感のある一品。
カニは缶詰めでも充分です！
ふんわりとした卵に、ケチャップ味でもしょうゆ味でもない、
シンプルなしょうがが風味の甘酢あんが、
カニ玉のやさしい味わいを生かします。

卵のシンプルチャーハン

編集部からの一言

シンプルだけど、間違いなくおいしい！
卵と小ねぎだけなのに、まさにこれぞチャーハン！
ウー先生から教えていただいたおいしさのポイントは2つ。
「かならず2人分で作る」ことと
「ごはんといっしょに塩を加えるとパラパラに仕上がる」ことです。

材料／２人分
卵……………………………２個
油……………………………大さじ１
小ねぎ（小口切り）………６本（30g）
温かいごはん
……………茶わん２杯分（320g）
［塩………………………小さじ¼
［こしょう……………………少量
１人分 411kcal　塩分 0.8g

❶ボールに卵を割り入れてほぐす。
❷フライパンに油を熱し、①の卵を流し入れて手早くかき混ぜ、小ねぎを加えていためる。ごはん、塩を加えていため、こしょうで味をととのえる。

じゃが芋だけの肉じゃが甜麺醬風味

編集部からの一言

本当にじゃが芋と牛肉だけ。
じゃが芋がことのほかおいしいのです。
食材もシンプルなら味つけも甜麺醬と黒酢と塩というシンプルさ。
中国の調味料を使うのですが、中国料理っぽくなく、
親しみやすい味わいです。
肉のおいしさがしみわたったじゃが芋が絶品！
絶対に作ってほしい逸品です。

材料／2人分

じゃが芋(男爵)	2個(300g)
牛肉（薄切り）	150g
油	大さじ1
酒	大さじ1
こしょう	少量
水	2/3カップ
a 甜麺醬	大さじ1
a 黒酢(または好みの酢)	小さじ1
a 塩	小さじ1/3

1人分 432kcal　塩分 1.7g

❶じゃが芋は皮をむき、大ぶりの乱切りにする。牛肉は食べやすく切る。
❷なべに油を熱し、①の牛肉を入れていため、肉の色が変わったら酒とこしょうを加えていため、香りをつける。
❸①のじゃが芋を加えていため合わせ、分量の水を加える。
❹煮立ったらaを加えて調味し、弱火にしてふたをし、20分煮る。

ウー・ウェンさんの医食同源

『じゃが芋　土豆(トウドウ)』

体にやさしい食材なので、どんな体調のときも食べてもだいじょうぶ。

◆芋類はよく肉類といっしょに調理します。これは、芋類はアルカリ性で、肉類は酸性なので、いっしょに料理することで中和するためです。体に負担をかけない昔ながらの食べ合わせの方法です。
◆芋類は食物繊維も多く、胃腸の働きを高め、体に力（エネルギー）を蓄える食材でありながら、きちんと「排出」して体をきれいにする食材です。
◆じゃが芋の保存には知恵が必要です。母は植木鉢に砂を入れてその中に埋めて保存しています。秋に収穫したものが冬まで保存するとホクホクして甘味が出てよりおいしくなります。

青梗菜（チンゲンサイ）とエビのオイスターソースいため

編集部からの一言

さっぱりとした味わいのように見えますが、食べると奥深い味に驚きます。

この味わいは、淡泊な味の青梗菜にうま味が詰まったオイスターソースでこくをプラスしているから。さらに、とろみをつけてすべてのおいしさを閉じ込めます。

材料／２人分

青梗菜……………………２株(200g)
むきエビ…………………………100g
油……………………………大さじ1½

合わせ調味料
- 酒……………………………大さじ1
- オイスターソース……大さじ½
- しょうゆ………………大さじ½
- こしょう………………………少量

a
- かたくり粉……………小さじ1
- 水…………………………小さじ2

１人分 157kcal　塩分 1.4ｇ

❶青梗菜は葉を１枚ずつむいて根元をきれいに洗い、一口大の乱切りにする。

❷むきエビは背に切り込みを入れて背わたをとり除き、水で洗い、水けをしっかりきる。

❸合わせ調味料の材料をすべて合わせて混ぜる。

❹フライパンに油を熱し、②のむきエビを入れていため、表面の色が変わったら①の青梗菜を加えていためる。

❺青梗菜の緑色が鮮やかになったら③の合わせ調味料を加えてひといためし、a の水どきかたくり粉を加えてとろみをつけ、うま味を閉じ込める。

中国風卵スープ

材料／２人分

卵……………………………… ２個

a
- 鶏がらだしのもと …… 小さじ½
- 水 ………………………… ３カップ
- 塩・こしょう ………… 各少量

b
- かたくり粉 ……………… 大さじ１
- 水 ………………………… 大さじ２

ごま油 ……………………… 小さじ１

１人分 118kcal　塩分 0.8g

❶ボールに卵を割り入れてほぐす。

❷なべにａを入れて火にかけ、煮立ったら弱火にしてｂの水どきかたくり粉でとろみをつける。

❸①をまわし入れて大きくひと混ぜして卵がふわりと浮いてきたら火を消し、ごま油を垂らして香りづけをする。

編集部からの一言

シンプルイズベストとしかいいようのないスープ。

卵さえあれば、作れるので、一品足りないなというときに大活躍します。とろりとした卵スープで体ぽかぽか。うす味なので味つけの濃いおかずの汁物におすすめ。ごま油のひと垂らしが味の決め手です。

えのきたけと搾菜のごま油あえ

材料／２人分

えのきたけ…………大１袋(200g)

搾菜……………………………50g

［ごま油 ………………… 大さじ１
　豆板醤 ………………… 小さじ1/3

１人分 84kcal　塩分 0.7g

❶えのきたけは石づきを切り除いてほぐし、さっとゆでてざるにあげ、湯をよくきる。

❷搾菜は薄切りにし、水に 10 分程度さらして塩抜きをし（塩は抜きすぎないように）、水けを絞ってみじん切りにする。

❸①のえのきたけと②の搾菜を混ぜ合わせ、ごま油と豆板醤を加えてあえる。

編集部からの一言

材料がたったの4種類！でも病みつきになるおいしさ。

2つの食材と2つの調味料で作れるなんて！　それでいて本格的な中国料理の味わいです。ごはんにもお酒にも合います。搾菜が調味料なので、塩の抜き加減には気をつけて。

ウー・ウェンさんの医食同源

『きのこ類　食用菌（シーヨンジュン）』

体をきれいにする食べ物。便通がよくなり、肌がツルツルになる。

◆中国では、「菌」は体にいいものとされていて、免疫力や気力・体力を高めてくれます。

◆食物繊維が豊富なので、きのこを食べると便通がよくなり、お肌がツルツルになります。食べ物には栄養を得るためのものと体をきれいにするものがあるのですが、きのこはまさに体をきれいにする食べ物の代表です。

さやえんどうと榨菜のいため物

材料／２人分

さやえんどう	100g
榨菜	50g
ねぎ	10㎝
油	大さじ1
こしょう	少量

１人分 81㎉　塩分 0.5g

❶さやえんどうは筋をとり除いてせん切りにする。
❷榨菜は薄切りにし、さらにせん切りにする。水に 10 分浸して塩抜きをし、水けを絞る。
❸ねぎは５㎝長さのせん切りにする。
❹フライパンに油を熱し、③のねぎを入れていため、香りが立ったら②の榨菜を加えていためる。さらに榨菜の香りが立ったら①のさやえんどうを加えていため合わせる。
❺仕上げにこしょうをふって香りをつける。

編集部からの一言

さやえんどうをせん切りにしていためるなんて……。この斬新さに驚き！

この料理を初めて食べたとき、こんな食べ方があるんだ！と驚きました。せん切りにした姿が美しいので、お客様に出すと、同じように驚き、そして喜ばれます。

ウー・ウェンさんの医食同源

『さやえんどう・スナップえんどう　豌豆角（ワンドウジャオ）』

『デトックス効果があり、出回る春から初夏の季節の体に合う。』

◆冬にたまった〝毒〟を体外に出し、新しいエネルギーをとり込む体に整えます。さやえんどうが旬のころは、ちょうど春から初夏になる汗ばむくらいの陽気の日がふえるころなので、ちょうど体に合う食材です。

スナップえんどうの花椒あえ

材料／２人分

スナップえんどう	100g
えのきたけ	１袋(100g)
塩	小さじ1/5
花椒油　花椒	15粒
花椒油　油	大さじ１

１人分 88kcal　塩分 0.5g

❶スナップえんどうは筋をとり除き、えのきたけは石づきを切り除いてほぐす。それぞれさっとゆでてざるにあげて湯をよくきる。

❷①のスナップえんどうは包丁の腹でたたきつぶす。

❸ボールに①のえのきたけと②のスナップえんどうを入れて塩を加えて調味する。

❹花椒はすり鉢ですりつぶす。

❺フライパンに油を熱し、④の花椒を入れていため、香りが立ったらアツアツを③に加えてあえる。

編集部からの一言

味つけは花椒と塩だけ。
なぜにこんなにおいしいのかわからない……。
この料理のおいしさの理由を探すのですが、
材料も作り方もシンプルすぎて見つかりません。
ウーさんならではの作り方や
材料の組み合わせの妙なのだと思います。
この料理を作って、それを体験してみてください。

ウー・ウェンさんの医食同源

『スナップえんどう・さやえんどう　豌豆角（ワンドウジャオ）』

『若いさやには、豆にはない栄養が含まれる。』

◆実になる前の未成熟の若いさやには、成熟したグリーンピースに比べて、ビタミンCやビタミンEなどの抗酸化ビタミンが多く含まれています。旬の時期に貴重な食材の栄養をいただきましょう。

◆さやえんどうやスナップえんどうは私はいため物にするのがいちばんおいしいと思います。独特の青臭さがありますが、花椒油（ホワジャオヨウ）の香りが特に合うのです。

スナップえんどうと鶏肉の豆豉いため

材料／２人分
スナップえんどう……………100g
鶏胸肉…………………………150g
a こしょう………………少量
a 酒……………………大さじ1
a かたくり粉…………小さじ1
豆豉………10g　ねぎ………10cm
油….大さじ1　しょうゆ….小さじ1
１人分 215kcal　塩分 1.4ｇ

❶スナップえんどうは筋をとり除いて１cm幅に切る。
❷鶏肉は１cm角に切り、aをからめて下味をつける。
❸豆豉は大まかに刻む。ねぎはみじん切りにする。
❹フライパンに油を熱し、③の豆豉とねぎを入れていため、香りが立ったら②の鶏肉を加えていため、肉の色が変わったら①のスナップえんどうを加えていためる。
❺仕上げにしょうゆを加えてひといためする。

編集部からの一言

ごはんがいくらでも進んでしまう、困ったおかずです。

この料理を作ったときは、ごはんを食べすぎないようにしています！いため物は短時間で調味するため味が浸み込みにくいので、肉などはいためる前に下味をつけておくとよく、また臭みも消してくれます。かたくり粉をからめておくといためてもうま味が出ずにおいしく仕上がります。

湯葉とセロリのあえ物

材料／2人分

干し湯葉（乾）※……………………50g

- セロリ………………1本（150g）
- 塩…………………………………少量

あえ衣
- 粒入りマスタード……大さじ1
- ごま油…………………大さじ1
- 塩………………………小さじ1/4

※中国製の干し湯葉が最適（写真左下）。肉厚で歯ごたえがある。

1人分 216kcal　塩分 1.1g

❶湯葉は適当に折って水に1晩浸してもどす。ざるにあげ、水けをふきとり、食べやすく手で裂く。
❷セロリは筋を除き、3～4cm長さに切り、縦に薄切りにする。塩をふって少しおき、汁けをきる。
❸沸騰湯で①の湯葉をさっとゆでてざるにあげて湯をきる。長いものは3～4cm長さに切る。
❹あえ衣の材料を混ぜ合わせ、②のセロリと③の湯葉を合わせてあえる。

編集部からの一言

湯葉がまるで肉のようです。きっと好きになるはず。

中国の干し湯葉は肉厚で、1晩水でもどして使います。日本の湯葉と違って食感がまるで肉のようです。この食感がたまらない！

中国製の干し湯葉が最適ですが、手に入らない場合は、日本の干し湯葉で作ってみてください。

ウー・ウェンさん愛用の

調理道具

いためなべは少し深めが使いやすい。おすすめの「ウー・ウェンパン+」。ウーさんが考案した調理道具で、フライパン、なべ、蒸し器として使える。いため物や煮物、蒸し物まで作れる万能なべ。
発売元／北陸アルミニウム（株）。

中華せいろ。ふたの網目の間から
ほどよく蒸気が抜けて蒸し物に
最適。蒸し物や肉まんなどを作る
のはもちろん、ごはんなどを温め
るのに使っている。ウーさんの台
所には電子レンジはなく、このセ
イロが活躍するとのこと。ウーさ
んの料理には欠かせない道具。

ひと手間かける
だけのことはある

風干しなすの揚げ煮

編集部からの一言

なすを数時間干すだけで、こんなにおいしくなるの？と驚きますよ。
風干しなすは独特の食感で、甘味も凝縮されて中はトロトロ。煮くずれもしにくくなります。
なすの表面をかわかすだけで楽しめます。
数時間干す時間がひと手間というより、待ち遠しいくらいです。

材料／2人分

米なす……………………2個(600g)
油…………………………………¾カップ
a［砂糖・酢・酒………各大さじ1
　 しょうゆ………………大さじ2
にんにく（たたきつぶす）……1かけ
b［かたくり粉……………小さじ½
　 水…………………………小さじ1

1人分 385kcal　塩分 2.0g

❶なすはへたを切り除いて皮をむき、乱切りにしてざるなどに広げ、風通しがよいところに2〜3時間置く。
❷フライパンに油を熱し、①のなすを入れて中弱火でゆっくりといため、なすが吸った油がにじみ出るようになってつやが出るまで火を通す。
❸にじみ出た油をキッチンペーパーなどで吸わせながら除く。
❹aを混ぜ合わせて加え、ひといためしたらにんにくを加えて香りをつけ、bの水どきかたくり粉を加えてとろみをつける。

ウー・ウェンさんの医食同源

『なす　茄子（チエズ）
油と相性がよいので、たっぷりの油で調理します。』

◆なすは油と非常に相性がよいので、たっぷりの油と調理します。油が少量だとおいしくありません。この料理も油をたっぷり使って揚げるようにいためます。最初はなすが油を吸うので、この油を全部食べるのかしらと心配になりますが、火が通ってくるとなすから油が出てくるので、この油はとり除きます。というわけで、全量口に入るわけではないので、ご安心ください。

イカとわけぎの塩こしょうシンプルいため

編集部からの一言

見た目も味わいも美しい料理。
シンプルな食材をシンプルな調味料が引き立てます。
イカをさばくのはちょっと……と思うときは、魚売り場で刺し身用に開いてもらいましょう。
細かい切り目は、味をしみ込ませ、見た目も美しくするためなので、ひと手間ではありますが、これはがんばりましょう。
イカの甘味とわけぎの甘味、素材のおいしさが引き立つ、高級中国料理店のような上品な味わいです。

材料／２人分

イカの胴	150g
かたくり粉	小さじ½
わけぎ	½束(100g)
油	大さじ１
酒	大さじ１
粒黒こしょう	10粒
塩	小さじ¼

１人分 144kcal　塩分 1.0g

❶イカは内側に格子状に切り目を入れ、一口大に切る。さっとゆでて水けをよくきり、かたくり粉をまぶす。
❷わけぎは斜め薄切りにする。
❸粒こしょうはあらくたたきつぶす。
❹フライパンに油を熱し、①のイカを入れていため、油がなじんだら酒と③のこしょうと塩を加えて調味し、②のわけぎを加えていため合わせる。

ウー・ウェンさんの医食同源

『わけぎ　冬葱（ドンツォン）』
『体を温め、気を通し、かぜをひきにくくする。』

◆わけぎはねぎと比べると辛味がやわらかいので食べやすいものです。葉先までやわらかく全部食べることができるので、ねぎ類の葉に豊富なビタミンCやカロテノイドがたくさんとれ、かぜをひきにくくするといわれます。また、ねぎと同じ種類なので、〝気〟のめぐりをよくするといわれます。
◆わけぎの緑色はとてもきれいな色で春ならではですから、わけぎを料理に使うとがぜん春らしい料理になります。ねぎはどんな料理にも使えますが、わけぎは煮物には向かず、いため物がいちばん合います。

干ししいたけと油揚げのしょうゆ煮

材料／２人分

干ししいたけ(乾)	8個(40g)
油揚げ(手揚げ風)	1枚(50g)
油	大さじ1
酒	大さじ1
砂糖	小さじ1
しょうゆ	大さじ1 ½
水	½カップ

１人分 213kcal　塩分 2.0g

❶干ししいたけは水(分量外1カップ強)に浸してやわらかくもどす(できれば、冷蔵庫に入れて一晩かけてもどす)。水けを絞って石づきを切り除き、ごく薄く切る。
❷油揚げは端からごく薄く切る。
❸フライパンに油を熱し、①のしいたけを入れて油を全体になじませるようにいためる。
❹②の油揚げを加えていため、酒、砂糖、しょうゆの順に加えてはいためる。
❺分量の水を加えて煮立ったらふたをして弱火で20分煮る。

編集部からの一言

しいたけと油揚げなのに、肉料理を食べている感覚です。それぞれのおいしさが両方の食材にしみ込んで食べるとジュワーとあふれ出ます。

干ししいたけは水に浸して冷蔵庫に入れて一晩かけてゆっくりもどすと、やわらかくもどり、うま味もよく出ておいしくなります。このひと手間で干ししいたけの味わいが全然違います。浸す水の量は干ししいたけが全部吸水するくらい(干ししいたけの重量の約5倍が目安)にします。ジッパーつきの袋を使うと便利で、干ししいたけと水を入れて空気を抜いて密閉します。

ウー・ウェンさんの医食同源

きのこ類　食用菌(シーヨンジュン)

『体をきれいにする食べ物。便通がよくなり、肌がツルツルになる。』

◆きのこは中国では「食用菌」と書きます。字を見ると食べ物に似つかわしくない名前に思えます。でも、中国では、「菌」は体にいいものとされています。
◆食物繊維が豊富なので、きのこを食べると便通がよくなりますから、お肌がツルツルになります。食べ物には栄養を得るためのものと体をきれいにするものがあるのですが、きのこはまさに体をきれいにする食べ物の代表です。

蒸しなすのごまだれあえ

編集部からの一言

なすとごまだれが合わないわけがありません!!
三つ葉や香菜(シャンツァイ)の生の香りとシャキシャキ感がアクセント。
なすは蒸すとふんわりとした食感になって、焼きなすとはまた違う食感です。
蒸し物は時間がかかりそうですが、皮をむいて蒸すので、意外と時間がかからず、なべ横にずっとついていなくてもよいので、気楽な調理法です。
夏は、焼きなすもいいけど、蒸しなすもぜひおすすめ!

材料/2人分

なす……………………6本(600g)

糸三つ葉・1束(あれば香菜(シャンツァイ)3～4本)

ごまだれ
- 練りごま………………大さじ2
- しょうゆ・酒………各大さじ1
- 酢・ごま油・花椒…各小さじ1
- 塩………………………小さじ1/3

1人分190kcal　塩分1.8g

❶なすはへたを切り除いて皮をむき、蒸し器に入れて強火で10分程度蒸す。

❷三つ葉は3cm長さに切る。

❸花椒はからいりしてすり鉢ですりつぶす。ごまだれの材料を合わせ混ぜる。

❹ボールに蒸し上がったなすを入れて菜箸(さいばし)や木べらなどで食べやすく縦に裂き、②の三つ葉と③のごまだれを加えてあえる。

ウー・ウェンさんの医食同源

『なす　茄子(チエズ)
なすは野菜というより肉の感覚で食べる特別なものです。』

◆中国の人にとってなすは特別な野菜です。そもそも中国というより、肉を食べる感覚です。そもそも中国のなすは日本のなすとは違い、赤ちゃんの頭のように丸くて大きく、種が少なくて重みがあります。皮はかたいので食べません。調理するとトロリとなります。

◆油と相性が抜群なので、油をたっぷり使った料理と合いますが、蒸し物にもします。この料理では、油分を多く含む練りごまと合わせました。たっぷりの油は夏のスタミナ源になります。

グリーンピースとひき肉の甘辛じょうゆいため

編集部からの一言

**ごはんに合わないはずはない！
甘辛い味とプチプチとした食感があとを引く。
ごはんにたっぷりのせてどうぞ。**

きっと老若男女問わず、大好きなおかずだと思います。晩春から初夏にかけて、グリーンピースがさやごと売られているのを見つけると、かならず作りたくなる料理です。ぜひ、さやごとのグリーンピースを買って調理する直前にむいてください。ひと手間ですが、グリーンピースの薄皮がやわらかいままですから。

材料／２人分
- グリーンピース……さやから出したもの 100g
- 鶏ひき肉……100g
- 油……大さじ1
- しょうが……1かけ
- しょうゆ……大さじ1
- 酒……大さじ1
- 砂糖……小さじ½

１人分 212kcal　塩分 1.4 g

❶しょうがはみじん切りにする。
❷フライパンに油を熱し、鶏ひき肉を入れてよくいため、汁けがなくなったら①のしょうがとしょうゆを加える。
❸グリーンピースを加えていため合わせ、グリーンピースの色が鮮やかな緑色に変わったら酒をふり入れ、ふたをして弱火で２～３分蒸し煮にする。
❹砂糖を加えて味をととのえる。

ウー・ウェンさんの医食同源

『グリーンピース　豌豆（ワンドウ）』
冬にたまった〝毒〟を体外に出し、胃腸の調子を整え、元気を補う。

◆中国では5月ごろ1か月間程度しか出回らない、季節感を強く感じさせてくれる食材です。豆は乾燥豆が主流ですが、生の新鮮さを味わう数少ない豆なのです。
◆豆は良質のたんぱく源で体によいとされ、さらに春から夏の食材には解毒作用のあるものが多く、グリーンピースもその一つです。食物繊維も多いので便秘解消によく、その効果でにきびに効くといわれています。

キャベツと半熟卵のごまみそだれかけ

材料／2人分
キャベツ………………½個(300g)
卵………………………………2個
ごまみそだれ
- 油………………………大さじ1
- 赤とうがらし（あらくちぎる）………………………2〜3本
- 合わせ調味料
  - みそ(好みのもの)…大さじ2
  - 酒…………………大さじ2
  - すり白ごま………大さじ1
  - 酢…………………大さじ½
  - 砂糖………………小さじ1

1人分 247kcal　塩分 2.5g

❶卵は半熟にゆでる（水から入れて沸騰したら3〜4分ゆで、冷水にとって冷やす）。
❷キャベツは乱切りにし、さっとゆでて冷水にとり、水けを絞る。
❸器に②のキャベツを盛り、①の半熟卵を殻をむいてのせてくずす。
❹フライパンに油を熱し、とうがらしを入れていため、香りが立ったら合わせ調味料を加え、煮立ったらアツアツのうちに③にかける。全部をよく混ぜて食べる。

編集部からの一言

ごまみそだれと卵をソースにして、キャベツにからめて食べるといくらでも食べられます。
たれは、いろいろな材料を用意して1つ1つ計って作るのがめんどうですよね。
それなら、まとめて作っておいてはどうでしょう。
ごまみそだれは、ゆで野菜はもちろん、しゃぶしゃぶの肉のたれにしたり、魚にのせて焼いたり、蒸し魚にのせたりと万能だれになります。

ウー・ウェンさんの医食同源

キャベツ　洋白菜（ヤンバイツァイ）

『中国では、一年じゅうきらすことなく食べるほど、親しまれている野菜。』

◆漢字で〝洋白菜〟と書くように、「外国（洋）から新しく来た白菜」という意味の名前がつけられています。新しいといっても中国では19世紀ごろにはもうポピュラーな野菜でした。今では、冬は白菜、春から冬前まではキャベツと、〝白菜〟と名がつくこれらを一年じゅうきらさず食べています。
◆中国では、春キャベツ（グリーンボール）が人気です。丸くて緑色が濃く、葉が肉厚でやわらかく甘味があるので、子どもからお年寄りまで好まれます。冬にはモンゴル産の平べったい玉のキャベツが出回ります。

粉彩

ウーウェンさん
中国食器コレクション

ともかく、カラフルな絵柄の器です。ですが、料理を盛っても意外と絵柄が邪魔にならず、食卓が華やかになります。

絵柄には縁起がよいとされるものが描かれています。
写真右上／魚は「魚」と「余」と同じ発音であることから、「財産が余る」という縁起のよい意味を持つ吉祥文様です。また、卵の数が多いので子孫繁栄の意味もあります。中央に2匹の魚が描かれている双魚は、これらが2倍になるという意味がこめられています。33ページで使用。
写真右下／こうもりの絵柄もよく見かけます。中国語でこうもりは「蝙蝠」で蝠が「幸福」の「福」と同じ発音なので、こうもりの絵柄は幸福を意味しています。21ページで使用。
写真左／縁起がよい実として、桃（長寿）、ざくろや瓜（種がたくさんあるので子孫繁栄）、仏手柑（神仏や幸福を意味し、福を祈り吉を招く）とそれぞれの意味があり、吉祥物として描かれます。

写真上と下／春夏秋冬の縁起のよい実（桃、ざくろ、仏手柑、瓜など）と幸福を意味するこうもりが描かれています。どれがこうもりの絵かわかりますか？　真っ赤な色で羽を広げた姿で描かれ、かわいい目がついています。写真下の皿は70、71ページで使用。
写真中／龍と鳳凰が巴に描かれた「龍凰盤」の絵柄。中央の巴柄のまわりに易の八卦を配し、陰陽を表しています。陰は女性、陽は男性を象徴しています。

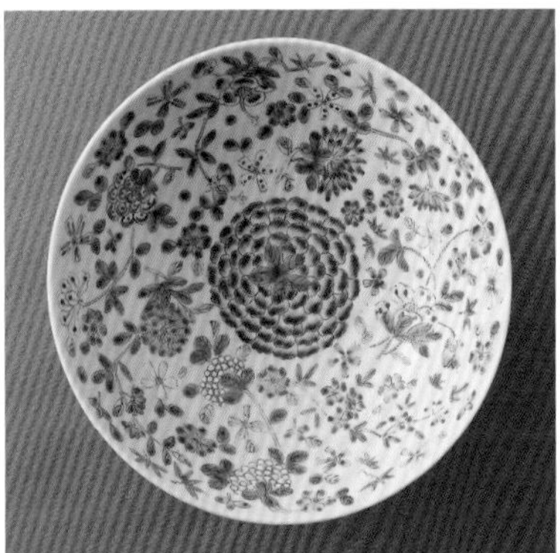

器の内外にびっしりと花の絵柄が彩色されている鉢。四季の花（四季花）が散りばめられ、なんともかわいらしい。使う器というより飾って鑑賞するための器のようです。外側の地の黄色は皇帝だけが使う色だったことから、高貴な器だということがわかります。73ページに使用。

粉彩のれんげいろいろ。食事のときにはかならずれんげがセットされます。スープやおかゆをすくって食べるという使い方以外に、器（たれ入れやとり皿）としても使います。中国では、食事のときに1枚の皿だけでじょうずにきれいに料理を食べ終わることが、教養がある人の食べ方とされ、何枚も皿を変えるのはカッコよくない食べ方です。

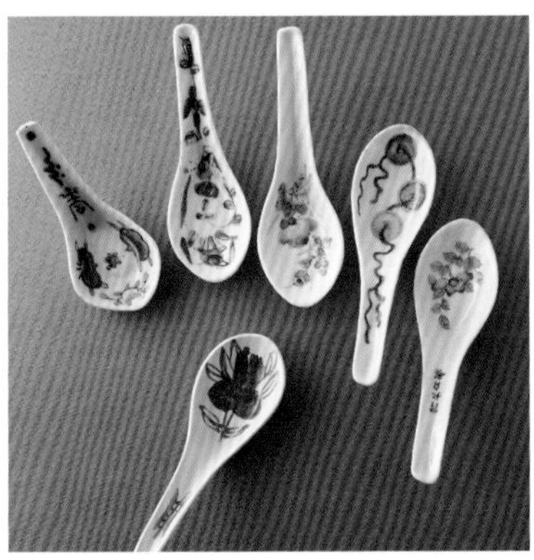

ウーウェンさんの中国食器コレクション

染付

青色絵つけの器や瑠璃釉の器は、色合いがさわやかなので夏の季節に合います。

龍の文様の皿いろいろ。龍は天を支配する霊獣とされます。水中に住み、雲に乗って空中を走るとされるので、いっしょに雲も描かれます。雲は、気持ちを広げるという意味と空を泳いで仙人になるという意味もあります。
写真右／一瞬なんの絵かわからないのですが、なんともかわいい龍が描かれています。
写真中央／瑠璃釉の皿。白く描かれた龍が神秘的です。
写真左／描かれている龍と麒麟どちらも伝説上の霊獣。

芙蓉手の染付の皿。皿に縁があり、芙蓉の花が開いたような柄と形をしていて優美。皿の中央に描かれている2頭の馬の戯れているような姿が楽しそう。親子にも見えます。

くせになる味わい

ねぎと高菜漬けのいため物

材料／2人分

ねぎ	2本(200g)
高菜漬け	100g
鶏ひき肉	50g
油	大さじ1
酒	大さじ1
こしょう	少量
しょうゆ	大さじ1

1人分 156kcal　塩分 2.3g

❶ねぎは1cm幅の斜め切りにする。
❷高菜漬けは水でさっと洗い、5mm幅に切って水けを絞る。
❸フライパンに油を熱し、鶏ひき肉を入れていため、肉の色が変わったら酒とこしょうを加える。
❹①のねぎを加えてしんなりとなるまで中火でじっくりといためる。
❺しょうゆを加えていため、全体になじんだら②の高菜漬けを加えていため、全体に味が移るように2〜3分いため混ぜる。

編集部からの一言

絶対に、ごはんにのせて食べたくなること請け合いです。

ねぎをたっぷり使い、1人で1本食べてしまいます。冬の甘いねぎが出まわるのが待ち遠しくなります。

ウー・ウェンさんの医食同源

『ねぎ　葱(ツォン)
体を温め、気の通りをよくして、体の調子をととのえる。』

『◆中国の中医学では、〝通気(トンチー)〟といって、人の体は全身に〝気〟が通っていると考えられています。この気が詰まると体の調子が悪くなったり病気になったりするとされています。ですからこの気を全身にめぐらすことが健康維持にとてもたいせつです。野菜の中で、この効果がいちばんあるのが、ねぎです。』

大豆もやしと漬物のピリ辛いため

材料／2人分
大豆もやし……………1袋(200g)
たくあん…………………10cm(80g)
油揚げ(手揚げ風)………1枚(40g)
にんにく…1かけ　豆板醤…小さじ½
油………大さじ1　酒………大さじ1
1人分 210kcal　塩分 2.0g

❶大豆もやしはひげ根をとり除き、水洗いして水けをよくきる。
❷たくあんは5cm長さに切り、縦に薄く切り、さらにせん切りにする。
❸油揚げは熱湯をかけて油抜きし、水けをきって細切りにする。
❹フライパンに油を熱し、にんにくをたたきつぶして入れ、香りが立ったら豆板醤を加えてさらに香りが立つまでいためる。
❺①のもやしを加えてしんなりとなるまでいため、②のたくあんと③の油揚げを加えていため合わせ、酒をふってひといためして火を消す。

編集部からの一言

大豆もやしとたくあんの食感と味わいが絶妙なのです。

たくあんが調味料を兼ねます。もやしのシャキシャキ、たくあんのポリポリという音がするくらいよく噛んで食べてみてください。あとひくおいしさです。

ウー・ウェンさんの医食同源

『もやし　豆芽(ドウヤー)』
春の訪れを知らせる新鮮野菜。

◆北京では、春の訪れとともに最初に食べる新鮮野菜が「芽野菜」のもやしです。
◆北京は冬が長いため新鮮な野菜が手に入りにくくなるので、保存食として漬物を作ります。冬を越すと発酵が進んでうま味と酸味が強くなります。この、もやしと漬物とのとり合わせが、春間近な北京の食卓の情景を感じさせてくれるのです。

白菜と豚肉のいため物

材料／2人分

白菜……………………………300g
豚バラ肉（薄切り）…………100g
ねぎ……… 5㎝　油……… 大さじ1
a ┌ 甜麺醤…………………… 大さじ1
　 └ しょうゆ‥ 大さじ1　酒‥ 大さじ1

1人分 314kcal　塩分 2.1g

❶白菜は洗い、できるだけ切り口が広くなるように5㎝幅にそぎ切にする。豚肉は5㎝長さに切る。ねぎは斜め薄切りにする。
❷フライパンに油を熱し、①の白菜の軸部分を入れて強火でいため、しんなりとなったら葉部分を加えてひといためしてボールにあける。
❸再びフライパンを火にかけ、①の豚肉をカラカラになるまでいため、①のねぎを加えていためる。ねぎの香りが立ったらaを加えて調味し、②の白菜を戻し入れてひといためする。

編集部からの一言

わが家では、白菜の定番料理になりました。

冬の甘い白菜が、甜麺醤と合います。いため物なので、短時間の調理時間でも味をしみ込みやすくするために軸をそぎ切りにします。

ウー・ウェンさんの医食同源

『白菜　白菜（バイツァイ）

体にこもった熱を冷まし、解熱・利尿効果がある。』

◆北京では「白菜萝卜保平安（バイツァイルオボーバオピンアン）」という言葉があって、白菜と大根があれば、冬の健康はたいじょうぶ、という意味です。
◆食物繊維が多いので便通がよくなります。解熱・利尿効果もあるのでかぜをひいたときに食べるとよいとされます。

にんじんと干しあんずのあえ物

材料／2人分

にんじん		2本(300g)
干しあんず		4個
a	塩	小さじ1/4
	こしょう	少量
	ごま油	大さじ1

1人分 155kcal　塩分 0.8g

❶にんじんは皮をむいて4～5cm長さのせん切りにし、熱湯でさっとゆでて水にさらし、ざるにあげて水けをしっかり絞る。
❷あんずは熱湯で1～2分ゆで、細切りにする。
❸ボールに①のにんじんと②のあんずを入れ、aを加えてあえる。

編集部からの一言

作りおきして、日々のおかずはもちろん、お弁当の彩りおかずとして大活躍しています。

ともかくにんじんがおいしくて、たっぷり食べられる料理です。干しあんずの甘酸っぱさとごま油の香りで中国風ラペといった味わいです。

ウー・ウェンさんの医食同源

にんじん　胡蘿蔔（フールオボオ）

『体にすべてよいとされ、特に目と肌によい。』

◆栄養を与え、消化機能を整えます。老若男女を問わず体によいとされます。保存がきくので、中国では一年じゅう毎日食べている定番野菜です。
◆ビタミンAが豊富なので、目によいとされ、思春期のにきびや肌荒れにも効果があります。

蒸し魚のねぎ油風味

材料／2人分

- 白身魚（マダイ）…………2切れ（150～200g）
- 酒……………………………大さじ3
- こしょう……………………少量

ねぎ……………………1本(100g)
油………………………………大さじ1
しょうゆ………………………大さじ½

1人分 227kcal　塩分 0.7g

❶魚は食べやすく2～3切れずつに切る。なべに魚を入れ、酒とこしょうをふり入れて火にかけ、沸いたら弱火にしてふたをし、7～8分酒蒸しにする。

❷魚を蒸している間に、ねぎは5cm長さのせん切りにする。

❸蒸し上がった魚を器に盛り、②のねぎをのせる。

❹フライパンに油を熱し、アツアツを③にかける。

❺仕上げにしょうゆをかける。

編集部からの一言

なべで蒸し煮にするので本当に簡単！

主菜を作るのにけっこう時間がかかるものですが、この料理は魚の切り身さえあれば、10分足らずで作れます。時短で簡単でおいしいなんて最高です。仕上げに熱した油をかけると、ジューッという音とともにねぎのよい香りが立ちのぼります。

せりと鶏ささ身のからしあえ

材料／2人分

せり		2束(200g)
	鶏ささ身	1本(50g)
	酒	大さじ2
あえ衣	練りがらし	小さじ1/3
	ごま油	大さじ1/2
	しょうゆ	小さじ1

1人分 88kcal　塩分 0.5g

❶せりは根元を切り除き、きれいに洗う。さっとゆでて水にとってさらし、水けを絞って2cm長さに切る。

❷なべに鶏ささ身と酒を入れてふたをし、弱火にかけて5～6分酒蒸しにする。火から下ろしてそのままさまし、あら熱がとれたら手で裂く。

❸あえ衣の材料を混ぜ合わせ、①のせりと②のささ身をあえる。

編集部からの一言

せりの香りとからしの辛味で、スキッとしたさわやかな味わいがくせになる。

せりの香りを楽しむあえ物です。せりの香り成分には、胃腸の調子をよくしたり、解熱・利尿作用や保温・発汗作用があったり、神経の興奮を鎮めたりもするそうです。

ウー・ウェンさんの医食同源

せり　水芹（シュイチン）

『冬にたまった〝毒〟を体外に出し特有の香りが気分をおちつかせる。』

◆冬の間、新陳代謝が鈍いために老廃物や毒が体内にたまりやすく、山菜の苦味は、これを体外に出す作用があります。人は自然に逆らわず、季節に生まれる食材を食べることがなによりなのです。

◆山菜の中でもせりは香りがよく、この香りをかぐとほっとします。

豆腐とねぎのいためじょうゆ煮

材料／2人分

もめん豆腐	1丁(300g)
かたくり粉	大さじ1
ねぎ	1本(100g)
油	大さじ1½
しょうゆ	大さじ1½
砂糖	小さじ1
酒	大さじ2

1人分 250kcal　塩分 2.1g

❶豆腐は巻きすの上に置いて厚さ1cmの3×4cm角に切り、そのまま10分おいて水けをきる。
❷ねぎは1cm幅に斜めに切る。
❸フライパンに油大さじ1を熱し、豆腐にかたくり粉をまぶして入れ、表面がかたくなるまで両面を4〜5分ずつ焼いてとり出す。
❹フライパンに残りの油を入れて熱し、②のねぎを加えて香りが立つまでいため、しょうゆを加える。香りが立ったら砂糖と酒を加え、③の豆腐を戻し入れ、調味料をからめながら汁けがなくなるまでいためる。

編集部からの一言

豆腐って こんなにおいしかったっけ？ と思ったほどです。

豆腐のおいしさを再発見した一品。充分主菜になる、豆腐が主役のおかずです。食べごたえがあって肉や魚に負けないおいしさです。

豆腐のトロトロいため

材料／２人分

もめん豆腐……………… １丁(300g)

ねぎ………………………………10cm

油……………………………… 大さじ1/2

a
- 鶏がらだしのもと…… 小さじ1/2
- 塩……… 小さじ1/5　水…… 1/2カップ

b
- かたくり粉………… 大さじ１1/2
- 水………………………… 大さじ３

こしょう………………………… 少量

１人分 161kcal　塩分 1.0 g

❶ねぎはみじん切りにする。

❷フライパンに油を熱し、①のねぎを入れていため、香りが立ったら豆腐を加えてフライ返しなどで細かくつぶしながら煮立つまでいためる。

❸ a を加えていため、再沸騰したら b の水どきかたくり粉を加えてとろみをつける。

❹仕上げにこしょうをふって火を消す。

編集部からの一言

ぜひぜひ、ごはんにのせて食べてみてください！おかわりしたくなるはずです。

こんなに豆腐をくずしてとろとろにした料理は見たことがありませんでした。でも一口食べると驚きのおいしさ！　豆腐はなめらかになるまでつぶせばつぶすほどおいしくなります。

ウー・ウェンさんの医食同源

『豆腐　豆腐（ドウフー）
豆腐はしっかりと火を通すとおいしい。』

◆中国の豆腐は、日本のとは作り方が違います。大豆の香りが強く、しっかりとしたかたさです。調理での扱い方も違って、す（・）が立つまで煮て味をしみ込ませたり、よくいためて水分を出して味を凝縮させたりします。

ウーウェンさんの中国食器コレクション

白磁

いため物から煮物まで、どんな料理を盛っても料理の色が映え、美しく上品な雰囲気になります。

鳥と花の柄が印花（文様を浮き彫りにした型を素地に押しつけて文様を表わす技法）で表わされた皿。鳥がいかにも楽しそうに描かれている図柄です。薄手の作りで持つと重さを感じないほど軽くて繊細。

写真上／見込み（底）に描かれている牡丹（ぼたん）は、色とりどりの大きな花を咲かせるので、「花王（ホワウン）」といわれ、「富貴（お金持ち、幸福）」を意味します。
写真中／縁が花びらの形をしている輪花（りんか）の鉢。見込み（底）には優美な花の文様が描かれています。
写真下／見込み（底）にある目跡が景色になっている碗。目跡は、器を重ねて焼くときに、器同士がくっつかないように、目砂や貝殻などをはさんで重ねたので、それが目跡になって残ったものです。

白磁にいろいろな色の釉薬で絵つけされた器は、シンプルな料理を盛ると絵柄がアクセントになります。
写真上／鉄釉（褐釉）で霊芝（れいし）文、日本ではなずな文といわれる文様の皿。霊芝はきのこの一種で漢方にも用いられるものです。仙人が住む世界に育つとされるために長寿を意味しています。
写真下／銅釉（青緑釉）で縦縞（じま）柄と中央に文字が書かれた皿。

ウーウェンさんの中国食器コレクション

青磁

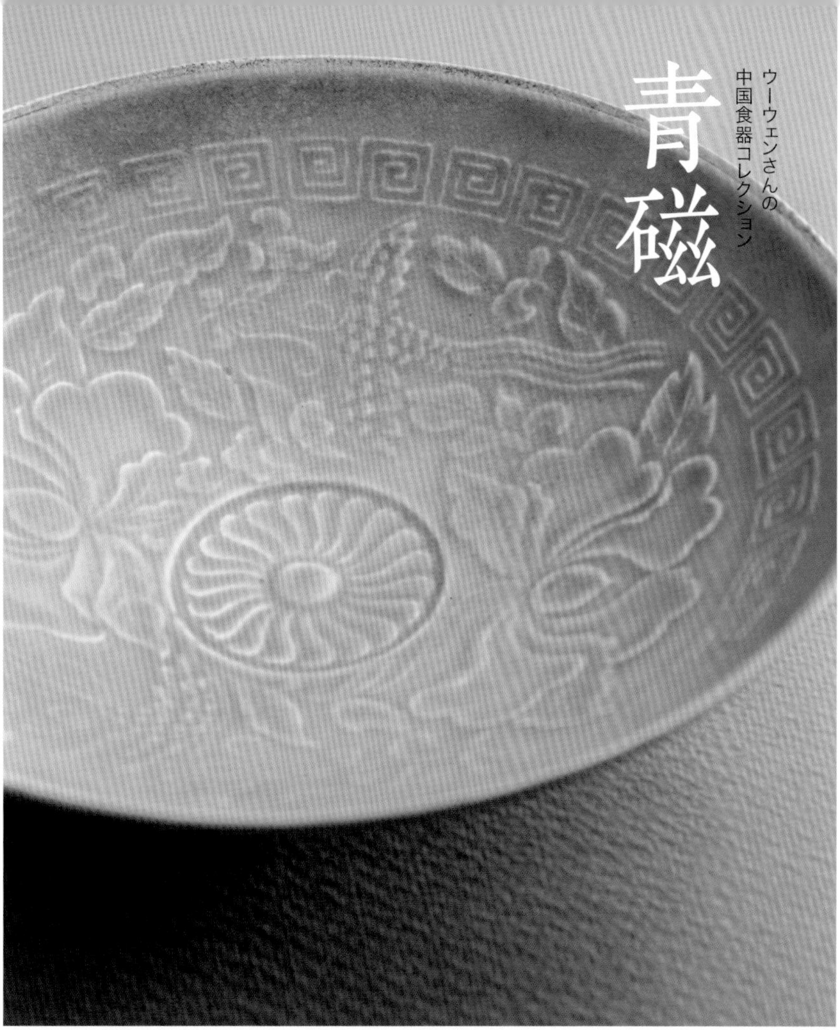

青磁の陽刻の鉢。鳳凰の飛んでいる姿が優美で、花の絵柄が上品な雰囲気。同系色の青菜など盛ってもきれいですし、色味の少ない料理を盛っても青磁の色が料理を引き立てます。48 ページで使用。

ウーウェンさんの中国食器コレクション

黒釉

黒釉の陽刻（右）の皿と陰刻（左）の深皿。黒釉の器は、盛った料理の色が引き締まって鮮やかに見えます。右の器は76 ページで使用。

絶品　小麦粉料理

ギョーザ・肉まん

水ギョーザ

豚肉とエビと小松菜

皮を作る

生地作りでたいせつなのは、一つ一つの作業を焦らずにきちんと行なうことです。特別に力が必要なわけではありません。そうすれば、小麦粉と水が結びついてグルテンが形成され、粘りとコシのあるおいしい皮が作れます。

材料／40個分

強力小麦粉……200g

水……110㎖

あん

皮をねかせている間にあんを作ります。おいしく作るこつは、たんぱく質の主材料に調味料を一つ一つ混ぜながらしっかりと味をつけ、最後に野菜を加えることです。野菜の水けはしっかりきっておきましょう。

材料／40個分

豚バラ肉（薄切り）……200g

むきエビ……100g

小松菜……400g

- こしょう……少量
- 酒……大さじ1
- しょうが汁……大さじ1
- しょうゆ……大さじ1
- 塩……小さじ¼
- ごま油……大さじ½

❶豚肉は細かく刻む。むきエビは背わたを除いて洗ってたたきつぶして細かく刻む。

❷小松菜は熱湯でさっとゆで、冷水にとって水けをきり、細かく刻んで水けを絞る。

❸①の豚肉とエビをボールに入れ、こしょう、酒、しょうが汁、しょうゆ、塩、ごま油を順に加えては菜箸（さいばし）で混ぜ合わせ、最後に②の小松菜を加えてよく混ぜ合わせる。

編集部からの一言

もちもちの皮は手作りならでは！

中国の人は、よほどのことがない限り水ギョーザは皮から手作りするそうです。なぜなら、味が格段に違うことを知っているから。手作りのもちもちした皮のおいしさを、ぜひ一度味わってみてください。

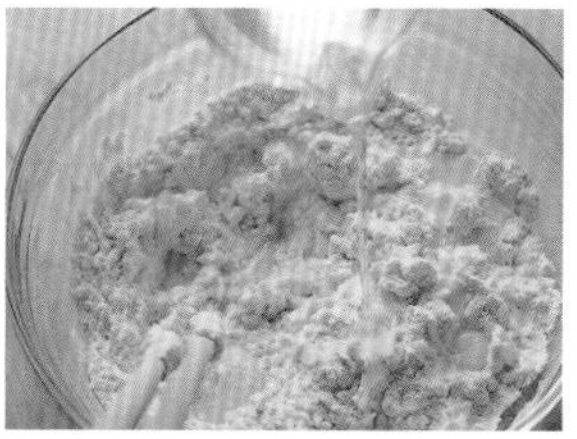

❶ボールに小麦粉を入れ、分量の水を３〜４回に分けてまわし入れ、そのたびに箸で全体を大きくかき混ぜる。

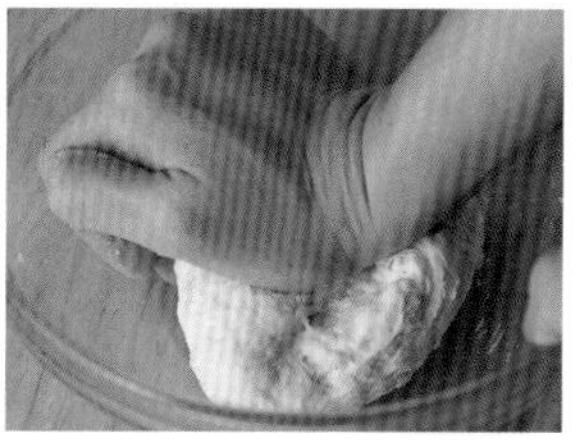

❷まとまってきたら、手のひらを使って４〜５回こねる。

❸さらにしっとりしてきたら、ひとかたまりにまとめる（表面は、まだぼこぼこしている状態）。

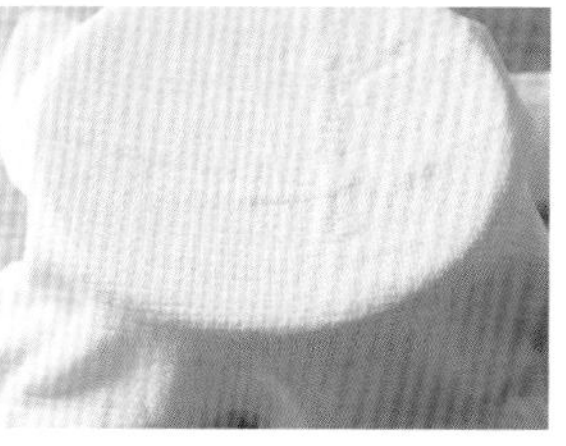

❹ぬれぶきんをかけて20〜30分ねかせる。

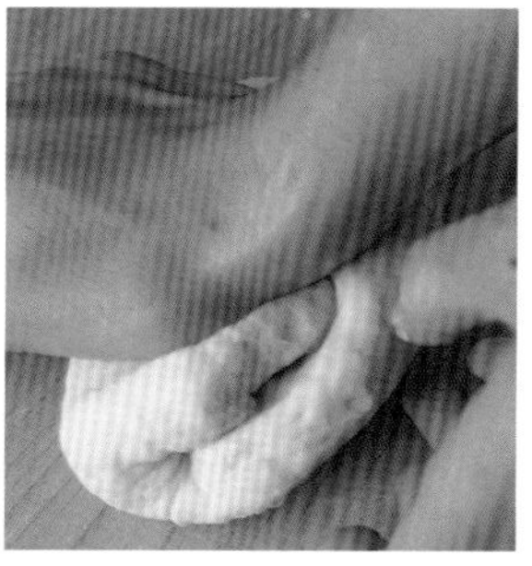

❺台に打ち粉少量をふる。生地を、手のひらで向こうへ押し出すようにのばしては手前にたたきこむようにする。これを向きを変えながらくり返し、よくこねる。

❻表面につやが出てなめらかになったら、生地を長円形にする（生地の表面は赤ちゃんの肌のようにすべすべになる）。

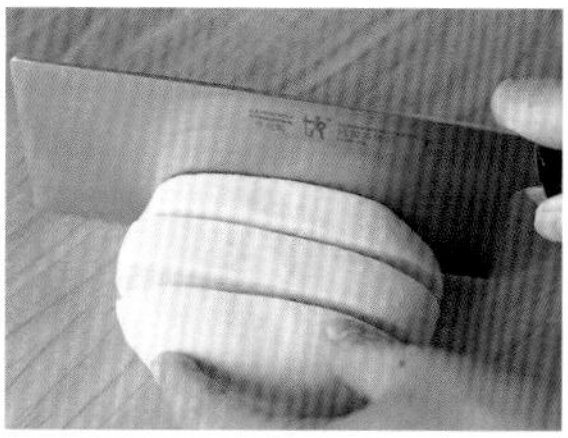

❼包丁で生地を４等分に切り分ける。

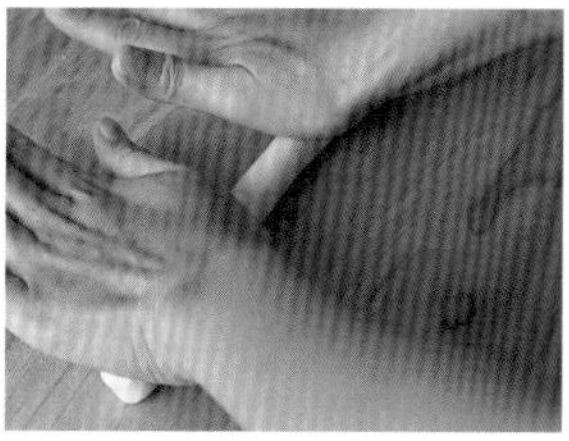

❽両手でころがして20㎝くらいの長さにのばす。残り３本も同様にする。

❾１切れ切るたびに前後に90度ずらしながら包丁を入れ、端から10等分（１個２㎝程度）に切り分ける。４本分同様に切り分け、40個作る。

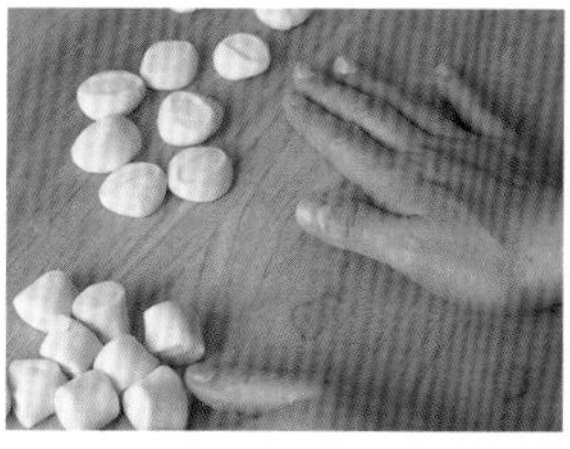

❿打ち粉をして、生地を１個ずつころがしながらまぶし、軽く押しつぶす。

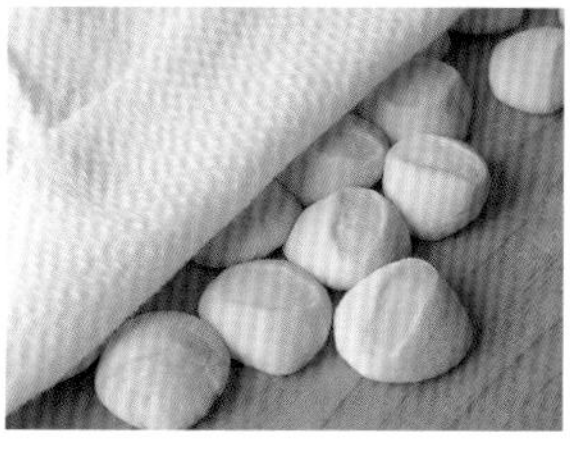

⓫生地がかわかないよう、ぬれぶきんをかぶせておく。

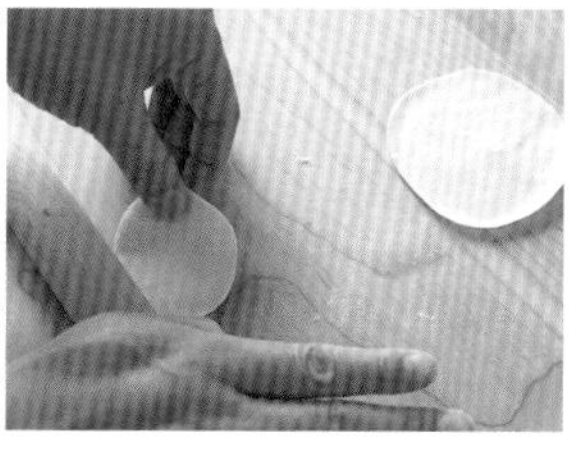

⓬左手で生地の縁を持ち、右手のめん棒で力を入れて中心に向かって押しのばしては止めて手前に戻す。生地を30度ほど回転させ、再びめん棒で中心に向かっては押しのばすをくり返し、丸い形にのばしていく。
★生地はかわきやすいので、５枚ほどのばしたらあんを包むようにする。

ゆでる

水ギョーザはアツアツの作りたてがいちばんおいしいもの。一口噛めば、汁けとあんの風味が口じゅうに広がります。

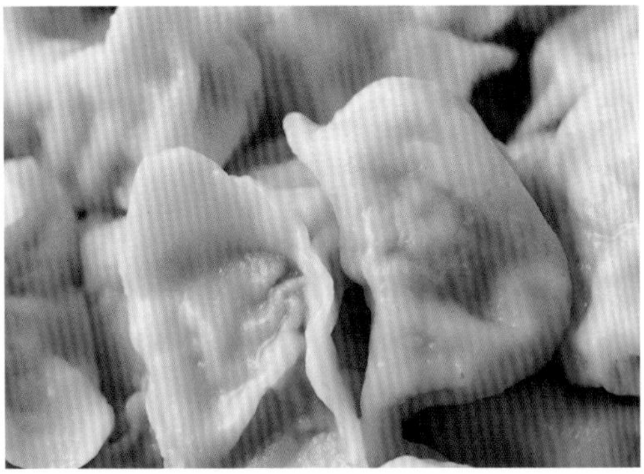

1個分 44kcal　塩分 0.1g

❶なべにたっぷりの湯を沸かし、沸騰したら、ギョーザを半量入れ、なべの底にくっつかないように、網じゃくしなどで軽くかき混ぜ、ふたをして強火でゆでる。
❷再び湯が沸騰してきたらふたをとり、ギョーザが上がってきたら、網じゃくしでおさえて沈めながらさらにゆでる。
❸皮が膨張してぷくっとふくらんできたらすくいあげる。残りも同様にゆでる。

残った水ギョーザ

↓

焼く

ゆでて残った水ギョーザは冷蔵庫で保存。翌日焼いて食べましょう。焼くと香ばしさが加わり、また違った味が楽しめます。

1個分 47kcal　塩分 0.1g

❶油を熱したフライパンで表面にうっすらと焦げ目がつくまで焼き、水少量を入れてふたをし、中のあんまで温める。水分が少なくなったら、ふたをとってなべを揺すりながら焼く。

包む

❶左手に皮をのせ、あんをのせる。

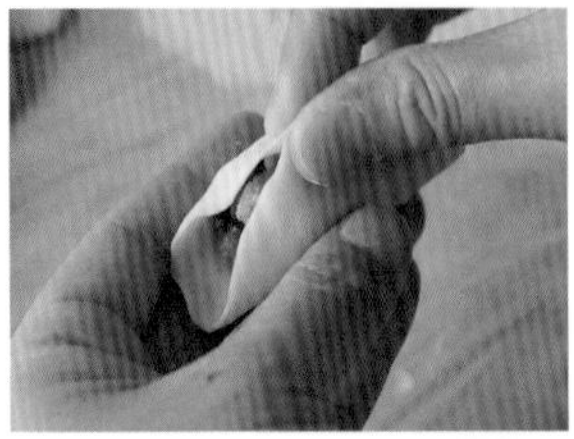

❷半分に折り、皮の手前と向こう側の真ん中を少し引っ張って合わせてとめる。

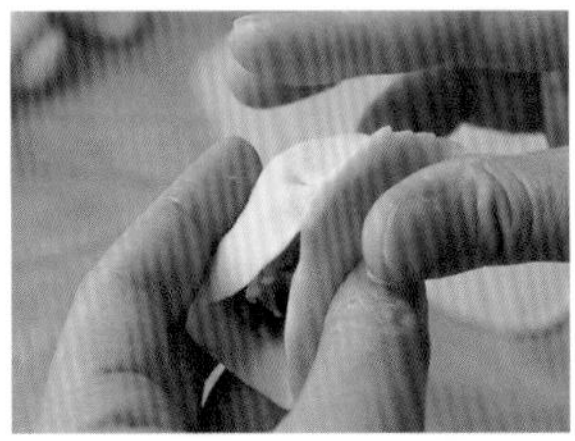

❸手前側を縁の中心から上⅓の所でつまんでひだをつけて閉じ、残りの部分も同様につまんで閉じる。

❹逆側も同様に縁の中心から⅓の所でつまんで閉じ、残りの部分もつまんで閉じる。

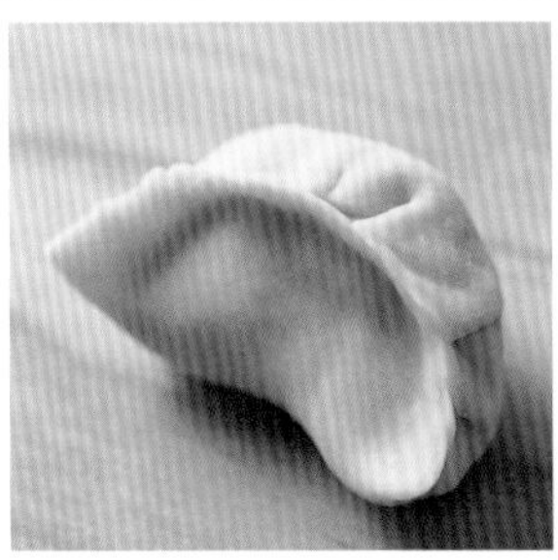

❺底に軽く粉をつけて台の上に置く。

鶏肉と三つ葉のギョーザ

材料／40個分

鶏ひき肉……………………………250g

根三つ葉………… 1～2束(300g)

a	こしょう	少量
	酒	大さじ1
	おろししょうが	大さじ½
	しょうゆ	大さじ1½
	塩	小さじ¼
	油	大さじ1
	ごま油	大さじ½

皮（82ページ）………………… 全量

1個分 37kcal　塩分 0.1g

❶根三つ葉は根元を切り除いて細かく刻む。

❷ボールに鶏ひき肉を入れ、aを順に加えては混ぜ合わせ、最後に①の三つ葉を加えて混ぜ合わせる。

❸ 84ページの包み方で包み、ゆでる。

牛肉とれんこんのギョーザ

材料／40個分
牛ひき肉……………………250g
れんこん……………………200g
a
こしょう………………… 少量
酒……………………… 大さじ1
おろししょうが……… 大さじ½
しょうゆ………………大さじ2
油……………………… 大さじ½
ごま油………………… 大さじ½
皮（82ページ）……………… 全量
1個分 44kcal 塩分 0.1g

❶れんこんは皮をむいて細かく刻む。
❷ボールに牛ひき肉を入れ、aを順に加えては混ぜ合わせ、最後に①のれんこんを加えて混ぜ合わせる。
❸ 84ページの包み方で包み、ゆでる。

卵とセロリのギョーザ

材料／40個分
卵…………………………… 2個
セロリ………………… 2本(250g)
a
酒……………………… 大さじ½
こしょう………………… 少量
みそ………………… 大さじ1½
しょうゆ……………… 大さじ½
油………………………… 大さじ2
ごま油……………… 小さじ1
かたくり粉……………… 大さじ1
皮（82ページ）……………… 全量
1個分 33kcal 塩分 0.1g

❶卵はいり卵にし、さます。セロリは細かく刻む。
❷ボールに①のいり卵を入れ、aを順に加えては混ぜ合わせ、①のセロリ、かたくり粉を加えて混ぜ合わせる。
❸ 84ページの包み方で包み、ゆでる。

厚揚げと竹の子のギョーザ

材料／40個分

厚揚げ……………………1枚(250g)

ゆで竹の子 ……………1個(200g)

a
- こしょう …………………… 少量
- 酒 ………………………… 大さじ½
- 鶏がらだしのもと ……… 小さじ1
- 塩 ………………………… 小さじ¼
- 練りごま …………… 大さじ1½
- ねぎのみじん切り……10cm分
- かたくり粉 ……………… 大さじ1

皮（82ページ）………………… 全量

1個分35kcal　塩分0.1g

❶厚揚げは細かく刻み、竹の子はあらみじん切りにする。

❷ボールに①の厚揚げを入れ、aを順に加えては混ぜ合わせ、最後に①の竹の子を加えて混ぜ合わせる。

❸84ページの包み方で包み、ゆでる。

ホタテとエリンギのギョーザ

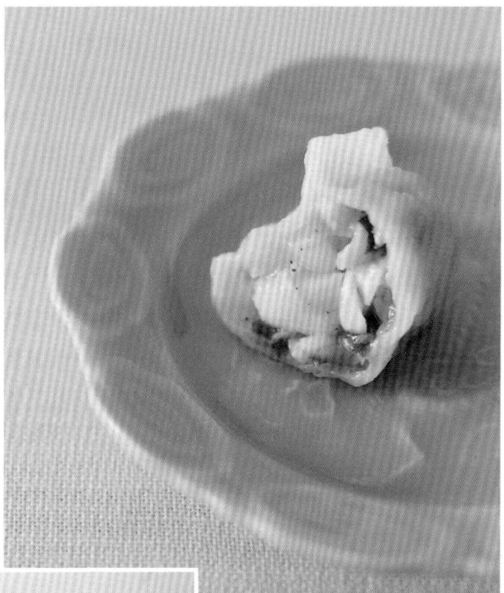

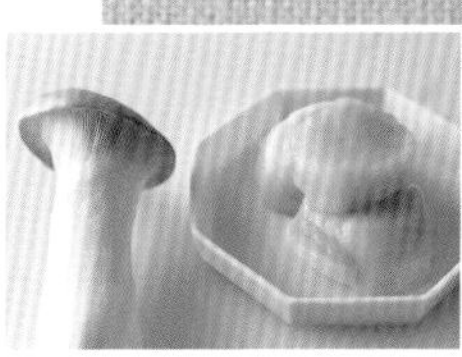

材料／40個分

ホタテ貝柱…………10個(250g)

エリンギ………… 2パック(160g)

a
- こしょう ………………… 少量
- 酒 ……………………… 大さじ½
- オイスターソース …… 大さじ½
- 塩 ……………………… 小さじ⅓
- かたくり粉……………大さじ1
- 油 ………………………大さじ1
- ごま油 ………………… 大さじ½

皮（82ページ）……………… 全量

1個分30kcal　塩分0.1g

❶ホタテは手で裂く。エリンギは手で裂いてから細かく切る。

❷ボールに①のホタテを入れ、aを順に加えては混ぜ合わせ、最後に①のエリンギを加えて混ぜ合わせる。

❸84ページの包み方で包み、ゆでる。

肉まん

生地を作る

材料／8個分

- a
  - 薄力小麦粉……………200g
  - グラニュー糖…………大さじ1
  - ドライイースト………小さじ1
  - 塩…………………ひとつまみ
- ぬるま湯（38～40℃）……110mℓ
- 油………………………大さじ1

豚肉のあん

材料／8個分

- 豚バラ肉（薄切り）……………150g
- 干ししいたけ(乾)……… 4個(20g)
- a
  - こしょう……………………少量
  - しょうゆ……………… 大さじ1
  - 酒……………………… 大さじ1
  - オイスターソース…… 大さじ$\frac{1}{2}$
  - ごま油………………… 小さじ1

❶豚バラ肉は5㎜幅に切る。

❷干ししいたけは水に浸してもどし、1㎝角に切る。

❸ボールに①の豚肉を入れ、aを順に加えてはよく混ぜ合わせ、最後に②のしいたけを加えてざっと混ぜ合わせる。

編集部からの一言

手作りする皮のおいしさを知ってほしい。

小麦粉料理はむずかしそうに思われがちですが、基本の作業さえ覚えてしまえば簡単です。あとは「おいしくできますように」と気持ちをこめながら、焦らずにゆっくり。そうすれば、粘りとコシのあるおいしい皮のでき上がりです。蒸したてのほかほかの皮をほお張るとジュワーッと広がる肉汁がなんともたまらない！

❶ボールにａを入れ、菜箸で軽く混ぜる。

❷ぬるま湯を２～３回に分けてまわし入れては、そのつど菜箸で全体を大きくかき混ぜる。

❸粉っぽさがなくなり、ある程度まとまってきたら菜箸についた生地をこそげとり、油を加える。

❹指先を使いながら生地をまとめるようにしてこねる。ボールの側面についた粉もこそげとりながら、全体に油がなじむまでよくこねる。

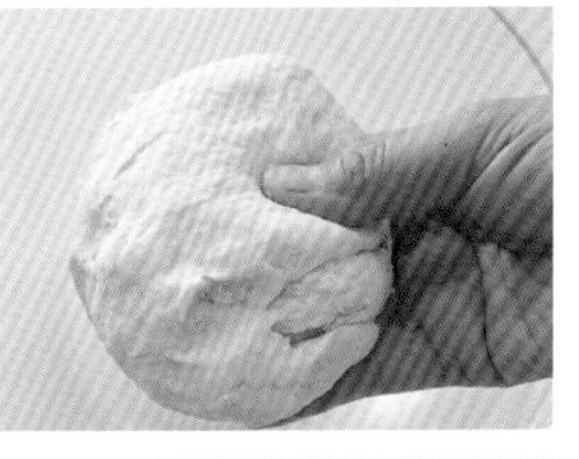

❺この程度になったらとり出す。

❻台へ移し、手のひらのつけ根に体重をかけ、生地を向こう側へ押し出すようにのばしては手前にたたむ。これを２～３回くり返す。

❼生地が横長にのびてきたら90度回転させ、⑥と同じ要領でのばしてこねる。生地がつねに丸い状態を保つようにして、この作業を数回くり返す。

❽表面につやが出てなめらかになったら生地を長円形にまとめ、ボールに入れる。

❾１次発酵させる。
ぬれぶきんをかけてねかせ、生地が約２倍にふくらむまで室温で１次発酵させる（夏場は約30分、冬場は約１時間）。

❿１次発酵完了。

⓫生地をのばす。少量の打ち粉をふった台に生地をとり出し、両手でころがしながら約40㎝の長さの棒状に均等にのばす。

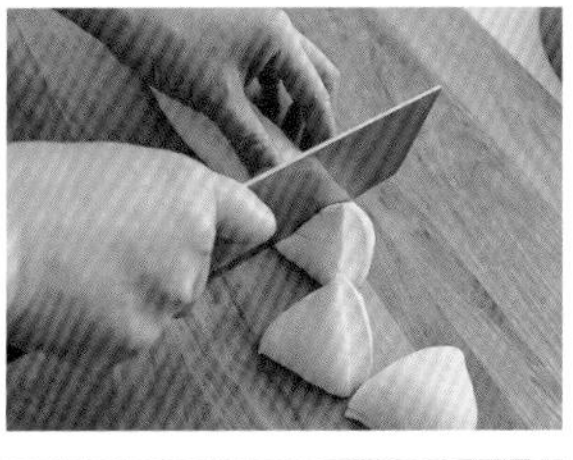

⓬８等分に切り分ける。１個分切ったら生地を手前、向こうに90度ずらしながら切っていく。

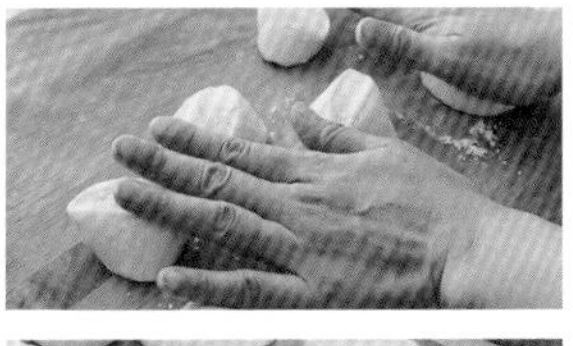

⓭切り口を上にして少量の打ち粉をふり、手のひらで軽く押しつぶす。

⓮左手で生地の縁をつまむように持つ。右手のめん棒で力を入れ、生地の中心に向かって押しのばしては力を抜いて手前に戻す。生地を30度ほど回転させ、同じ作業をくり返し、真ん中がやや厚い直径10㎝ほどの円形にのばす。

包む

❶あんを包む。左手に生地をのせ、真ん中にあん（88ページ）の1/8量をのせる。右手の親指と人差し指で皮の縁をつまむ。

❷親指を添えた状態で人差し指でひだを作り、そのつどギュッととじ合わせる（左手の指先で手前に回転させていく）。

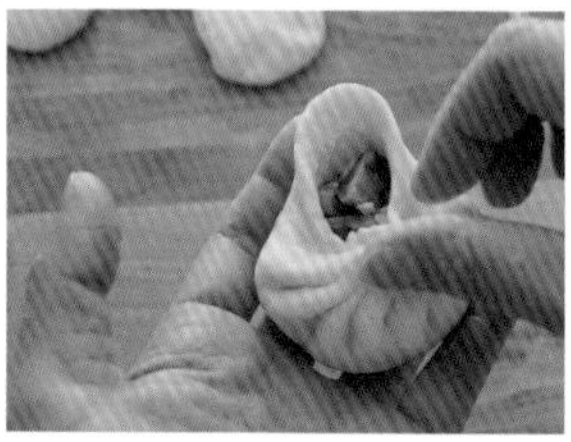

❸とじ終わったら最後に指先でギュッとつまんで、しっかりととじ合わせる。同様にして合計8個作る。

蒸す

2次発酵させ、蒸す

❶クッキングシートを敷いたせいろにあんを包んだ肉まんを間隔をあけて並べ、ふたをして約30分おいて少しふくらむ程度に2次発酵させる。
❷なべに湯を沸かしてせいろをのせ、強火で15分蒸す。

1個分 203㎉　塩分 0.6g

小松菜の焼きまん

編集部からの一言

焼き上がったら
フライパンにお皿をかぶせて
ひっくり返します。その姿がこの写真。
なんておいしそうなんでしょう!!

材料／10個分

- 小松菜……………………1束(300g)
- 干しエビ(あらく刻む)………30g
- a
  - しょうがのみじん切り……1かけ
  - 鶏がらだしのもと……小さじ1
  - 塩……………………ひとつまみ
  - ごま油……………………大さじ1
- 基本の生地(88ページ)……全量
- 油……………………………大さじ½
- 水……………………………½カップ

1個分 121kcal　塩分 0.4g

❶小松菜は塩湯でさっとゆでて水にとり、水けを絞って細かく刻む。
❷ボールに①の小松菜、干しエビを入れ、aを加えて混ぜ合わせる。
❸肉まんの基本の生地で10個分の皮を作る。
❹皮に②のあん$\frac{1}{10}$量をのせ、上下の真ん中を合わせてとめる。親指と人差し指で皮の縁をはさみながらとじ、反対側も同様にとじる。
❺両手の親指でしっかりととじ合わせる(写真下)。同様にして合計10個作る。
❻フライパンに油を入れ、⑤の底にその油を少量つけてはなべ底にのばすようにして並べ入れる。ふたをして約30分おき、2次発酵させる。
❼ふたをとって強火にかけ、焼き色がついたら水をまわし入れて中火にし、ふたをして約7分蒸し焼きにする。

ベーコンとねぎのロールまん

材料／20×15㎝の生地1本分

- ベーコンの薄切り………… 6枚
- ねぎ…………………… ½本(50g)
- 粒黒こしょう(あらく砕く)‥20粒

基本の生地（88ページ）…… 全量

⅕切れ 271㎉　塩分 0.6ｇ

❶ベーコンは1㎝幅に切る。ねぎはみじん切りにする。ボールに入れ、こしょうを加えて混ぜ合わせる。

❷1次発酵させた肉まんの生地を少量の打ち粉をふった台にとり出し、めん棒で20×15㎝にのばす。①を全体に広げ、手前から少し引っ張るようにしながら巻く。

❸90ページの要領で2次発酵させて、まるのまま強火で15分蒸す。5等分に切る。

編集部からの一言

ウーさんの家では朝食のパンの代わりにも登場するそう。そんな朝食、うらやましい限り！ピリッとした粒こしょうがアクセントです。

海鮮蒸し焼きまん

編集部からの一言

中国ではおなじみの屋台の焼きまん。何個でも食べられそうです。

材料／１０個分

- むきエビ（背わたを除く）……200g
- にら(みじん切り)……½束(50g)
- a
  - こしょう……少量
  - 酒……大さじ1
  - かたくり粉……小さじ1
  - 塩……小さじ¼
  - 油……大さじ1
- 基本の生地（88ページ）……全量
- 油……大さじ½
- 水……½カップ
- b
  - いり白ごま……大さじ½
  - 酢……大さじ1½
  - 酒……大さじ1
  - しょうゆ……小さじ1

１個分 135kcal　塩分 0.4g

❶むきエビは包丁の腹などでたたいてつぶす。ボールに入れ、aを順に加えて混ぜ、最後ににらを加えてざっと混ぜ合わせる。

❷肉まんの基本の生地で10個分の皮を作る。

❸皮に①のあん1/10量をのせ、90ページの要領で包む。同様にして合計10個作る。

❹フライパンに油を入れ、③の底にその油を少量つけてはなべ底にのばすようにして並べ入れる。ふたをして約30分おき、２次発酵させる。

❺ふたをとって強火にかけ、軽く焼き色がついたら（写真下）、水をまわし入れる。ふたをして中火にし、3～4分蒸し焼きにする。

❻水けがとんだらふたをとり、bを一気にまわしかける。

くるみ入りあんまん

材料／12 個分

くるみあん
- あずき粒あん（市販品）…250g
- くるみ……………………20g
- 練り白ごま…………… 大さじ2
- 塩…………………… ひとつまみ

基本の生地（88 ページ）…… 全量

1 個分 158kcal　塩分 0.2g

❶くるみはからいりし、あらく刻む。ボールにくるみあんの材料を入れてよく混ぜ合わせる。

❷肉まんの基本の生地で 12 個分の皮を作る。

❸皮に①のくるみあん 1/12 量をのせ、皮の縁をつまんでとじ、人差し指でひだを寄せながらとじ合わせる。同様にして合計 12 個作る。

❹裏返してとじた目を下にして置き、両手で側面を軽くおさえる。指ではさんでトントンと軽く落としながら長円形に整える。

❺ 90ページの要領で 2 次発酵させて、強火で15分蒸す。

編集部からの一言

くるみを加えた
こくのあるあんが
上品な甘さです。
蒸したてがおやつに出たら
だれもが喜びます。

ねぎもち

材料／２枚分

生地	薄力小麦粉	200g
	ぬるま湯(38～40℃)	120ml
	ねぎのみじん切り	１本分(100g)
	塩	小さじ1/3
	油	大さじ1½
薄力小麦粉（打ち粉用）・油		各適量

１枚分 492kcal　塩分 0.8g

❶ボールに小麦粉を入れ、ぬるま湯を３回に分けて加え、そのつど菜箸(さいばし)でよく混ぜる。
❷台に打ち粉をして生地をのせ、こねて１つにまとめる。めん棒で20×25cmの長円形にのばす。
❸生地の全面に塩をふって油を全体にのばし、ねぎを前面にのせて端から巻く。
❹巻き終わりの端をつまんでとじる。２つに切り、それぞれ切り口と端をつまんでとじる。
❺生地の両端を持ってねじりながら両端を重ねて合わせるように平らにつぶし、めん棒で直径 18cmの円形にのばす。残りも同様にして２枚作る。フライパンに油を熱して、ねぎもちを両面焼く。

編集部からの一言

外側はカリッ、中はもちもち。ねぎの香りがいっぱいの焼きもちです。

にらと卵の焼きまん

材料／10個分

にら	１束(100g)
卵	２個
油	大さじ２
サクラエビ	乾 5g
塩	小さじ1/3
こしょう	少量
基本の生地（88 ページ）	全量
油	適量
水	½カップ

１個分 140kcal　塩分 0.3g

❶にらは５mm幅に切る。
❷フライパンに油を熱し、卵をときほぐして入れ、いり卵を作って火を消し、①のにらとサクラエビを加えて余熱で香りを引き出し、塩とこしょうで調味する。
❸肉まんの基本の生地で 10 個分の皮を作る。
❹皮の中央に②の具を1/10量のせる。生地の上下をつまみ合わせ、親指と人差し指で縁を合わせるようにしてとじる。同様にして合計10個作る。
❺直径 28cm程度のふたつきのなべかフライパンに油を引き、④を作った端から並べ入れる。
❻強火にかけ、底がきつね色にパリッと焼けたら分量の水を加えてふたをし、強火で６～７分蒸し焼きにする。水けがなくなり、底がパリッとしたら火を消す。

編集部からの一言

カリッと焼けた所が香ばしくてたまらない！手作りの皮がふわふわです。

ウー・ウェン

料理研究家。中国・北京出身。
シンプルで作りやすく、四季を通して医食同源を基にした食べ方や料理を提案している。日々の料理が健康を支えることを実践し、伝える。クッキングサロンも開いており、人気を博している。
おもな著書は、『ウー・ウェンさんのわが子が育つ家族の食卓』（女子栄養大学出版部）、『ウー・ウェンの北京小麦粉料理』（高橋書店）、『シンプルな一皿を究める 丁寧はかんたん』（講談社）など。

ウー・ウェン クッキングサロン
電話　03-6455-3684
http://www.cookingsalon.jp/
公式 Instagram:@wuwen_cookingsalon

食いしんぼう編集者も夢中になった
愛しいおかず

●料理　ウー・ウェン
●撮影　白根正治
尾田 学
日置武晴
山本明義
●デザイン　横田洋子
●栄養価計算　八田真奈
●校正　くすのき舎

※本書は、月刊誌『栄養と料理』、MOOK「別冊栄養と料理」『ウー・ウェンの春野菜で体をきれいに』『ウー・ウェンの秋野菜で体の中から美しく』に掲載した記事や料理を再編集してまとめたものです。

発　行　2020年 1 月25日　初版第1刷発行
2022年 10月10日　初版第2刷発行
発行者　香川明夫
発行所　女子栄養大学出版部
〒170-8481　東京都豊島区駒込３－２４－３
電話　03-3918-5411（営業）
03-3918-5301（編集）
ホームページ　https://eiyo21.com/
振　替　00160-3-84647
印刷・製本　図書印刷株式会社

ISBN978-4-7895-4752-9

（厳選！）

釜-1グランプリ

THE BEST

炊飯器で手軽に炊ける！

おいしい釜飯の心得

1 米を浸水させる

米は30分以上水に浸けてたっぷり水を含ませましょう。ふっくら炊けます。

2 米の水気をしっかり切る

浸水させた米をザルなどにあげて水気をしっかり切ります。一粒一粒、米が立ちます。

3 米と調味料を入れる

炊飯器に米と調味料、具材を入れます。米と調味料はしっかり混ぜることで、味が全体にきれいに行き渡ります。

4 具材を静かに入れる

具材は米と混ぜず、凹凸が出ないように平らに並べます。具材が多いときは、真ん中をドーナツ状にあけるなどして、熱が均一に通るようにします。

本格派

釜で炊きたいあなたへ

米と具材を土鍋や釜に入れふたをし、沸騰させたら弱火にして12分程度炊きます。ふたをあけて、まだ水分が残っていたら、再度水分がなくなるまで炊きます。水分がない状態になったら火を消し、ふたをしたまま10分程度蒸らします。

1

岐阜名物合体釜飯

岐阜のおいしいものを
まとめて炊き上げました

材料（4～6人分）

米…3合
水…460mℓ
氷…120g
明宝ハム…200g
白菜の漬物（市販）…150g
溶き卵…2個分
ごま油…大さじ1
めんつゆ（3倍濃縮）…小さじ2

作り方

1 明宝ハムはさいの目切り、白菜の漬物は水気を絞って3cm幅に切る。
2 フライパンにごま油をひき、ハムと漬物を中火で炒め、めんつゆを入れる。
3 炊飯器の釜に浸水して水気を切った米、水、炒めたハムと漬物、溶き卵、氷を入れて炊く。

2

キンパ釜飯

人気の韓国風海苔巻きを
炊き込みごはんに!!

材料（4～6 人分）

米 … 3 合
水 … 300mℓ
氷 … 120g
牛こま切れ肉 … 300g
ほうれん草 … 1 株
にんじん … 1/2 本
焼肉のタレ … 140g
コチュジャン … 大さじ3
ごま油 … 大さじ2
たくあん … 100g
白ごま … 適量
韓国海苔 … 適量

作り方

1 にんじんとたくあんは細切り、ほうれん草は4～5cm幅に切る。
2 フライパンにごま油の半量を入れ牛肉を炒めたら、焼肉のタレ、コチュジャンを加えてさらに炒める。
3 炊飯器の釜に浸水して水気を切った米と水、にんじん、ほうれん草、炒めた牛肉（汁ごと）、残りのごま油、氷を入れて炊く。
4 炊きあがったらたくあんを入れて混ぜ、茶碗に盛り、韓国海苔と白ごまを散らす。

3

濃厚魚介豚骨釜飯

とんこつのコクと
魚粉のうまみ

材料（4~6人分）

米…3合
鶏がらスープ…180mℓ
牛乳…180mℓ
氷…120g
チャーシュー…130g
煮卵…2個
酒…大さじ3
みりん…大さじ2
しょうゆ…大さじ2
砂糖…大さじ1と1/2
塩…小さじ1/2
ラード…大さじ1
魚粉…小さじ2
かつお節…4g
刻み海苔…適量

作り方

1 チャーシューを角切りにする。
2 炊飯器の釜に浸水して水気を切った米、鶏がらスープ、牛乳、酒、みりん、しょうゆ、砂糖、塩、ラード、魚粉、かつお節を入れて混ぜ、チャーシュー、煮卵、氷を入れて炊く。
3 茶碗に盛り、刻み海苔をのせる。

4

豚汁釜飯

味付けは濃いめでも
仕上がりはあっさり

材料（4〜6 人分）

米 … 3 合
豚汁の汁 … 370mℓ
豚汁の具材
… 約420g
氷 … 120g
しょうゆ … 大さじ2
青ネギ … 適量
七味唐辛子 … 適宜

〈豚汁の材料〉
豚バラ肉 … 150g
大根 … 80g
にんじん … 1/4 本
長ネギ … 1/2 本
ごぼう … 20g
こんにゃく … 60g
油揚げ … 1/2 枚
かつお昆布だし
… 400mℓ
味噌 … 大さじ4
ごま油 … 大さじ1

作り方

1 豚汁を作る。豚バラ肉は3〜4cm幅、大根、にんじんはいちょう切り、長ネギ、ごぼうは斜め切りにする。こんにゃくは下茹でしてひと口大に切り、油揚げは短冊切りにする。
2 鍋にごま油をひき、中火で豚バラ肉を焼き目がつく程度に炒める。
3 色が変わってきたら、大根、にんじん、長ネギ、ごぼう、こんにゃく、油揚げを加えてひと炒めする。かつお昆布だしを入れて味噌を溶く。
4 炊飯器の釜に浸水して水気を切った米、3の豚汁、しょうゆ、氷を入れて炊く。
5 茶碗に盛り、小口切りにした青ネギと七味唐辛子をかける。

5

ちゃんぽん釜飯

いろんな味が混ざり合って
絶妙においしい!!

材料（4~6 人分）

米 … 3 合
水 … 400mℓ
冷凍食品のちゃんぽん … 1 袋
牛乳 … 200mℓ
塩 … 小さじ1
こしょう … 少々

作り方

1 炊飯器の釜に浸水して水気を切った米と水、塩、こしょう、冷凍食品のちゃんぽんの中身すべてと牛乳を入れ、炊く。

鮭の西京焼き風釜飯

白味噌で作る
最強メシ誕生！

材料（4~6 人分）

米…3合
かつおだし…320mℓ
氷…120g
塩鮭…4切
白味噌…110g
みりん…大さじ4
酒…大さじ2
薄口しょうゆ…大さじ1
青ネギ…適量

作り方

1 鮭のうろこ、小骨があれば除いておく。皮に切れ目を入れる。
2 白味噌にかつおだしを入れて溶く。
3 炊飯器の釜に浸水して水気を切った米、2の白味噌だし、みりん、酒、薄口しょうゆを入れて軽く混ぜたら、鮭をのせ、氷を入れて炊く。
4 炊き上がったら、鮭をほぐしながら混ぜて茶碗に盛り、小口切りにした青ネギを散らす。

7

エビマヨ釜飯

プリプリエビと
とろけるマヨの至福

材料（4~6人分）

米…3合
コンソメスープ
…450mℓ
氷…120g
エビ…380g
酒…大さじ1
塩…少々
片栗粉…大さじ2
ブロッコリー…1株
玉ねぎ…1個
マヨネーズ…100g
練乳…50g
豆乳…大さじ2
ケチャップ…大さじ1
塩…小さじ1/2
サラダ油…大さじ5
レモン…適宜

作り方

1 エビは殻をむいたら背側に切り込みを入れて背わたを取り、片栗粉（分量外）をまぶして水で洗う。水気をふき取って酒と塩を揉みこみ、片栗粉をまぶす。ブロッコリーは大きめに切り分け、玉ねぎは薄切りにする。
2 ボウルにマヨネーズ、練乳、豆乳、ケチャップ、塩を入れ、混ぜておく。
3 中華鍋にサラダ油を温め、エビを揚げ焼きする。エビの色が変わったら余分な油をふき取り、玉ねぎを加えてさっと炒め、火を止める。
4 2のソースを加えて全体に絡める。
5 炊飯器の釜に浸水して水気を切った米、コンソメスープ、ブロッコリー、4のエビ、氷を入れて炊く。
6 茶碗に盛り、レモンを搾る。

博多ごまサバ釜飯

ごまサバの風味と
甘い香りに包まれる

材料（4〜6人分）

米 … 3合
水 … 350mℓ
白だし … 50mℓ
氷 … 120g
塩サバ … 半身4枚
まいたけ … 2株
ごぼう … 1本
白すりごま … 大さじ4
九州しょうゆ … 大さじ2
三つ葉 … 適宜
白ごま … 適宜

作り方

1 塩サバは骨を取り除く。ごぼうは斜め薄切りにする。まいたけは石づきを落とし、小房に分ける。
2 フライパンに塩サバを並べ、焼き目がつくまで片面2分ずつ焼く。
3 炊飯器の釜に浸水して水気を切った米、水、白だし、しょうゆ、すりごまを入れ、軽く混ぜる。まいたけ、ごぼう、塩サバ、氷を入れて炊く。
4 炊き上がったら茶碗に盛り、三つ葉と白ごまを散らす。

9

まるごとカマンベールの サバ味噌釜飯

サバとカマンベールの最強コンビ!!

材料（4~6 人分）

米… 3合
かつおだし… 350mℓ
氷… 120g
カマンベールチーズ… 1個
サバ味噌煮缶… 2缶
しょうが… 1/2片
青ネギ…適宜

作り方

1 炊飯器の釜に浸水して水気を切った米、かつおだし、サバ味噌煮缶の汁、千切りにしたしょうがを入れ混ぜる。
2 カマンベールチーズを中央に置き、サバ味噌煮、氷をチーズの周りに入れて炊く。
3 茶碗に盛り、小口切りにした青ネギを散らす。

10

カルボナーラ釜飯

アツアツでも
冷めてもうまい!

材料（4~6人分）

米 … 3合
水 … 380mℓ
氷 … 120g
にんにく … 2片
ベーコン … 60g
鷹の爪（輪切り）… 小さじ1
昆布茶 … 大さじ2
オリーブオイル … 大さじ2
生クリーム … 100mℓ
粉チーズ … 40g
粗びきこしょう … 小さじ1
卵黄 … 5個分

作り方

1 にんにくは薄切りにし、ベーコンは1cm幅に切る。
2 生クリーム、粉チーズ、粗びきこしょうを合わせておく。
3 炊飯器の釜に浸水して水気を切った米、水、にんにく、鷹の爪、昆布茶、ベーコン、オリーブオイル、2で合わせたクリーム、氷を入れて炊く。
4 炊き上がったら卵黄を入れて混ぜる。

11

チーズバーガー風釜飯

バンズじゃなくて
米で味わうあの味

材料（4～6人分）

米…3合
水…300㎖
氷…120g
合いびき肉…300g
玉ねぎ…1/4個
ミニトマト…8個
ピクルス…90g
チェダーチーズ…120g
ケチャップ…大さじ4
中濃ソース…大さじ2
マスタード…大さじ2
塩…小さじ1/2
粗びきこしょう…少々

作り方

1 玉ねぎは薄切り、ピクルスは2～3㎜の輪切りにする。ミニトマトはヘタを取って縦半分に切る。
2 炊飯器の釜に浸水して水気を切った米と水、ケチャップ、中濃ソース、マスタード、塩、粗びきこしょうを入れて混ぜる。
3 玉ねぎ、ピクルス、ミニトマト、合いびき肉、チェダーチーズ、氷を入れて炊く。

12

アヒージョ釜飯

オリーブオイルの
濃厚な香りが釜飯に

材料（4~6人分）

米…3合
水…430mℓ
シーフードミックス
　…150g
マッシュルーム…6個
ミニトマト…8個
にんにく…4片
アヒージョの素…15g
オリーブオイル…大さじ2

作り方

1 マッシュルームは4等分にスライス、ミニトマトはヘタを取って半分に切る。にんにく半量をみじん切り、残りは2等分に切る。
2 炊飯器の釜に浸水して水気を切った米と水、アヒージョの素、オリーブオイルの半量を入れ軽く混ぜる。
3 2ににんにく、マッシュルーム、ミニトマト、シーフードミックスを入れ、炊く。
4 炊き上がったら残りのオリーブオイルを回し入れ、混ぜる。

13

チョコレートアイス釜飯

釜飯とチョコアイスの運命の出会い!!

材料（4~6 人分）

米 … 3合
水 … 400mℓ
チョコレートアイス … 1個（185mℓ）
牛薄切り肉 … 200g
玉ねぎ … 120g
ミニトマト … 120g
エリンギ … 100g
にんじん … 100g
オリーブオイル … 大さじ2
固形ブイヨン … 2個
ウスターソース … 大さじ1
塩 … 小さじ1
乾燥バジル … 小さじ1/2
ナツメグ … 小さじ1/4
乾燥パセリ … 適宜

作り方

1. 玉ねぎはくし形、ミニトマトはヘタを取って半分に切る。にんじんは薄切り、エリンギは縦半分に切ってから斜め切りにする。
2. フライパンにオリーブオイルをひき、玉ねぎ、にんじん、エリンギを中火で炒める。玉ねぎが少ししんなりしたら、塩、バジル、ナツメグを加え、ひと混ぜして火を止める。
3. 炊飯器の釜に浸水して水気を切った米、水、ウスターソース、ブイヨン、ミニトマト、牛肉、炒めた野菜を入れ、最後にチョコレートアイスをのせて炊く。
4. 茶碗に盛り、パセリを振る。

THE BEST!

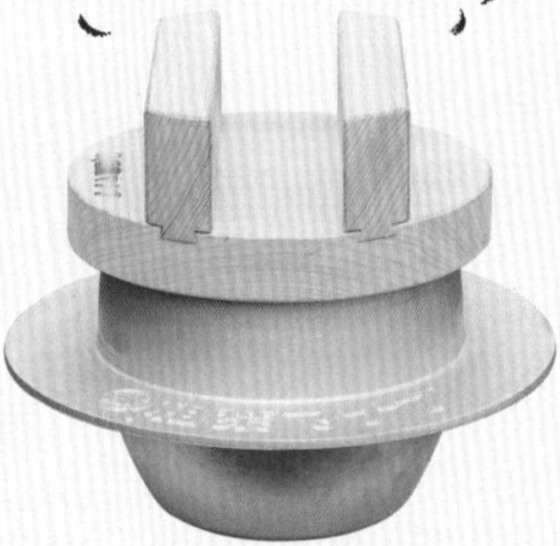